Der Islam der Anderen

Zur Rolle der Religion in deutschen Migrationsdebatten

Rudolf Krux

Rudolf Krux

DER ISLAM DER ANDEREN

Zur Rolle der Religion in deutschen Migrationsdebatten

ibidem-Verlag
Stuttgart

Bibliografische Information der Deutschen Nationalbibliothek
Die Deutsche Nationalbibliothek verzeichnet diese Publikation in der Deutschen Nationalbibliografie; detaillierte bibliografische Daten sind im Internet über http://dnb.d-nb.de abrufbar.

Bibliographic information published by the Deutsche Nationalbibliothek
Die Deutsche Nationalbibliothek lists this publication in the Deutsche Nationalbibliografie; detailed bibliographic data are available in the Internet at http://dnb.d-nb.de.

Coverabbildung: © zea_lenanet - Fotolia.com

∞

Gedruckt auf alterungsbeständigem, säurefreien Papier
Printed on acid-free paper

ISBN-13: 978-3-8382-0521-2

© *ibidem*-Verlag
Stuttgart 2013

Alle Rechte vorbehalten

Printed in Germany

Für Fabi,

der hofft, dass auch sein schwedischer
Migrationshintergrund
eines Tages als ein solcher anerkannt wird

Inhaltsverzeichnis

I   Einleitung

„By tolerating any who enjoy the benefit of this indulgence, which at the same time they condemn as unlawful, he [the magistrate] only cherishes those who profess themselves obliged to disturb his government as soon as they shall be able."[1]

John Locke schließt mit dieser Feststellung eine Gruppe von der von ihm geforderten Toleranz gegenüber anderen Religionen grundsätzlich aus. Angehörige der katholischen Kirche können, so der Wegbereiter des Liberalismus, keiner anderen Herrschaft hörig sein als der des Papstes. Sie stellen damit aufgrund ihrer Religionszugehörigkeit generell eine politische Bedrohung dar. Die Verweigerung der Toleranz impliziert zwar eine Beschreibung der religiösen Gruppe (über Papsthörigkeit), erfolgt aber aufgrund eines politischen Kriteriums, nämlich der angenommenen Illoyalität ebendieser Gruppe.[2]

Auch heute wird Religion wieder zunehmend zum Anknüpfungspunkt einer letztlich politischen Unverträglichkeit genommen. Illustrieren lässt sich diese Feststellung für die Bundesrepublik z.b. an den (Bundes-) Verfassungsschutzberichten, die neben „Rechtsextremismus" und „Linksextremismus" mittlerweile auch „Islamismus/ Islamistischer Terrorismus" als eigenständigen Gliederungspunkt aufführen und damit nicht mehr, wie noch bis 2004, unter „Sicherheitsgefährdende und extremistische Bestrebungen von Ausländern" abhandeln.[3]

Als Paradebeispiel für eine solche Fokussierung auf Religion kann der 2006 in Baden-Württemberg eingeführte Gesprächsleitfaden für Einbürgerungsgespräche betrachtet werden. In Zusammenhang mit der Einführung dieses Verfahrens ist vielfach eine besondere Unverträglichkeit einer als islamisch gekennzeichneten Gruppe mit der deutschen Verfassung behauptet worden. Zugleich wurde das Verfahren als diskriminierend gegenüber Muslim_innen[4] kritisiert.[5]

Dabei war die Zielgruppe des Verfahrens noch mehr als über Religionszugehörigkeit über das Kriterium der Staatsangehörigkeit definiert. Wer am Einbürgerungsverfahren

---

1 John Locke, *Essay on Toleration* in Mark Goldie (Hg.): *Political Essays* (Cambridge: Cambridge University Press, 1997), S. 152
2 Vgl. ebd. S. 151, f.
3 Vgl. *Verfassungschutzbericht 2010* (Berlin: Bundesministerium des Innern, 2011); Vgl. *Verfassungschutzbericht 2004* (Berlin: Bundesministerium des Innern, 2005)
4 Wenn von Personen die Rede ist, die nicht mit eindeutig vergeschlechtlichenden Zuschreibungen versehen sind, wird die enstprechende Schreibweise verwendet.
5 Vgl. Teil IV

teilnimmt ist (rechtlich gesehen) nicht deutsch, sondern will das gerade werden. Es geht also auch um eine Personengruppe mit Migrationserfahrung oder zumindest Migrationshintergrund – eine Definition, die etwa ein Fünftel der deutschen Gesamtbevölkerung (mit oder ohne Staatsangehörigkeit) einbezieht.[6] Entscheidend für die Debatten um den Leitfaden sind also sowohl ein Diskurs zum Islam als auch einer zu Migration.

Auch umgekehrt sind die Regelungen zur Verleihung der deutschen Staatsangehörigkeit von Bedeutung für den bundesdeutschen Migrationsdiskurs. So hat die Reform des deutschen Staatsangehörigkeitsrechts im Jahr 2000 eine breite Debatte über die gesellschaftliche Integration der Eingewanderten ausgelöst. Diese haben infolge der Reform unter bestimmten Bedingungen (wie Aufenthaltsdauer, Straffreiheit, Familienstatus etc.) prinzipiell Anspruch auf die deutsche Staatsbürgerschaft.[7]

Neben der rechtlichen Lage verändern sich auch die Einstellungen der deutschen Bevölkerung zur Einbürgerung im Zeitraum um das Jahr 2000 erheblich. Kriterien wie die Geburt in Deutschland oder eine deutsche Abstammung werden für die Einbürgerung als zunehmend unwichtiger empfunden. Als deutlich relevanter dagegen gelten nun etwa Sprachkenntnisse, Anpassung an den Lebensstil oder auch das Bekenntnis zur freiheitlich-demokratischen Grundordnung (fdGO).[8]

Rechtlich, diskursiv im Sinne der Integrationsdebatte und in der öffentlichen Meinung werden Kriterien der Abstammung durch Kriterien der Anpassung ersetzt. Bereits im Folgejahr der Reform verändern die Anschläge des 11. September 2001 den bundesdeutschen Migrationsdiskurs noch einmal erheblich. In der Bundespolitik wird über Zuwanderung zunehmend mit Blick auf Sicherheitsaspekte in Bezug auf islamistischen Terror diskutiert und der Islam wird zum entscheidenden Kriterium der Integrationsdebatte.[9] Die Verknüpfungen der Themen Islam und Integration

---

6 Vgl. *Die Soziale Situation in Deutschland: Bevölkerung mit Migrationshintergrund I*, 06.10.2011 <http://www.bpb.de/nachschlagen/zahlen-und-fakten/soziale-situation-in-deutschland/61646/migrationshintergrund-i> (20.09.2011)

7 Vgl. Veysel Özcan, *Migration: Aktuelle Entwicklungen*, 01.05.2007 <http://www.bpb.de/gesellschaft/migration/dossier-migration/57557/aktuelle-entwicklung?p=0> (20.09.2011)

8 Vgl. Susanne Worbs, *Einbürgerung von Ausländern in Deutschland*, Bundesamt für Migration und Flüchtlinge, Referat 220 (Hg.): Working Papers 17 der Reihe Integrationsreport, Teil 3 (Nürnberg: Bundesamt für Migration und Flüchtlinge, 2008), S. 38-41

9 Vgl. Teil III

vervielfachen sich im politischen, aber auch im medialen Diskurs.[10] Die Einbindung des Islam in den Migrationsdiskurs erscheint somit als ein relativ neues Phänomen. Dagegen konstatiert die Religionswissenschaftlerin Tiesler für die akademische Debatte in Europa einen geradezu schlagartigen Perspektivenwechsel bereits für die neunziger Jahre. Der Islam, der im Blick auf Europa zuvor keine nennenswerte Rolle zu spielen schien, wurde nun breit thematisiert und dabei rückblickend von „Islamic Revival", „Islamic Resurgence" oder „Re-Islamisierung" gesprochen. Zur gleichen Zeit verfestigt sich laut Tiesler die Vorstellung eines modernen aufgeklärten Westens, der in dichotomen Gegensatz zur vormodernen islamischen Welt steht. Auch in den medialen Öffentlichkeiten wird dieser Gegenpart zu den westlichen Gesellschaften demnach insbesondere in den immigrierten Muslim_innen personifiziert.[11]

In Anbetracht dieses kurzen Abrisses erscheint es naheliegend, dass die Miteinbeziehung der religiösen Kategorie Islam das Sprechen über Zuwanderung und Zugewanderte negativ zu färben vermag. Einen ganz anderen Schluss legt dagegen die Arbeit *Feindbild Islam?* der Religionswissenschaftlerin Petra Klug nah, welche im Folgenden noch näher thematisiert wird. Sie stellt in den Bundestagsdebatten eine negative Färbung des Islambildes gerade dort fest, wo er mit Migration assoziiert wird.[12] Womöglich kommt es in der Kopplung von Islam- und Migrationsdiskurs auch zu einer ganz eigenen, folgenschweren Konstellation, die letztlich beide Diskurse beeinflusst. Eine diskursive Kopplung zwischen Ethnizität, Kultur und letztlich Religion, wie sie hier im Besonderen passiert, stellt gleichsam ein Problem für die Analyse des Islamdiskurses dar. So beklagt Klug in ihrer Zusammenfassung des Forschungsstandes zum Islambild der Deutschen – neben einem Mangel an differenzierter empirischer Forschung – als grundsätzliches Problem in der Debatte:

> „Sowohl bei der Propagierung eines 'Kampfes der Kulturen' als auch bei der Untersuchung eben solcher Diskurse hat sich die Verschränkung von Migration und Religion als zentrales Element herausgestellt. Zum einen ruft diese Kopplung das [...] Dilemma in der politischen Diskussion hervor, indem sie den Blick auf die Motive der Kritik verstellt, und zum anderen reproduziert sie den ethnisierenden Kulturbegriff noch in seiner Verwerfung, indem Kultur und Religion aneinander gebunden bleiben."[13]

---

10   Vgl. Dirk Halm/ Marina Liakova/ Zeliha Yetik, *Die öffentlichen Diskurse um den Islam in den Jahren 2000 bis 2004 und ihre Auswirkungen auf das Zusammenleben von Muslimen und Mehrheitsgesellschaft in Deutschland,* in: Zeitschrift für Ausländerrecht und Ausländerpolitik 26 (5-6, 2006), S. 199-206

11   Nina Clara Tiesler, *Europäisierung des Islam und Islamisierung der Debatten,* Aus Politik und Zeitgeschichte 53 (1-2, 2006), S. 26

12   Vgl. Kapitel III.3.2

13   Petra Klug, *Feindbild Islam?: Der Diskurs über Muslime in Bundestagsdebatten vor und nach*

Ebendiese problematische Konstellation soll mit der Konzentration auf den Islamdiskurs innerhalb des Diskurses über Migration zum Ausgangspunkt dieser Analysen gemacht werden. Ziel ist es, dem aktuelleren Islamdiskurs – im bundesdeutschen Kontext und primär auf der Ebene der Politik – innerhalb seiner spezifischen Einbettung in den Migrationsdiskurs nachzuspüren. Die Leitfrage lautet damit: *Wie* wird in Deutschland über Islam im Kontext eines Diskurses über Migration gesprochen? Oder noch etwas plakativer: Wie nehmen wir eine Religion wahr, die uns als Religion von Zugewanderten erscheint?

---

dem 11. September (Marburg: Tectum, 2010), S. 33

II Methode

1 Einordnung des Ansatzes und Forschungsinteresse

Die Religionswissenschaft hat im Laufe und in Konsequenz ihrer Geschichte davon Abstand genommen, an der Produktion eines abschließend definierten Religionsbegriffs mitwirken zu wollen. Stattdessen geht sie davon aus, dass die jeweils historisch aktuellen Begriffe von Religion sich nur in ihren spezifischen ideologischen und kulturellen Rahmen nachvollziehen lassen. Zu den wichtigsten Konsequenzen dieses Perspektivenwechsels gehören die „Diskursivierung des Gegenstandes" sowie das Interesse an zentralen gesellschaftlichen Fragestellungen, die über den Religionsbegriff ausgehandelt werden.[14] Vor diesem Hintergrund beschäftigen sich die folgenden Untersuchungen nicht mit 'dem' Islam, sondern mit dem Islamdiskurs, der ein entscheidendes Kriterium in der Aushandlung wichtiger migrations- und integrationspolitischer Maßnahmen sowie Vorstellungen kollektiver Identität darstellt. Ein Religions- oder Islambegriff wird nicht vorausgesetzt, sondern induktiv herausgearbeitet.

Der Ansatz knüpft an die Tradition der Kritischen Diskursanalyse an. Nach Michel Foucault konstituieren Diskurse die Objekte der Wahrnehmung. Die Ordnung der wahrnehmbaren Welt wird mit ihrer sprachlichen Beschreibung gestiftet, welche ihrerseits der einzelnen Wahrnehmung vorgelagert ist. Foucault unterscheidet zwischen dem Diskurs als allgemeinem System grundlegender Bedingungen, Regeln und Verfahren zum einen und den Diskursen, die in Konsequenz mögliche (auch heterogene) Aussagen über bestimmte Gegenstände gruppieren. Es gehört also zu den entscheidenden Mechanismen von Diskursen, die (potentiell unendliche) Menge des Sag- und Machbaren auf einen bestimmten Korpus zu beschränken. Dieser Korpus ist entsprechend nicht beliebig, da er den Regeln folgt, die durch die Beschaffenheit des Diskurses gesetzt sind. Selbst Innovativität kann somit auf einer überpersonalen Ebene beschrieben werden, da sie nur im Rahmen des zuvor Gedachten, Gesagten etc. möglich und akzeptabel wird.[15]

---

14 Vgl. Anne Koch, *Zur Interdependenz von Religion und Wirtschaft – Religionsökonomische Perspektiven* in Martin Held et. al. (Hg): *Ökonomie und Religion,* Normative und institutionelle Grundfragen der Ökonomik, Jahrbuch 6 (Marburg: Metropolis, 2007), S. 41-44

15 Vgl. Sara Mills, *Der Diskurs: Begriff, Theorie, Praxis* (Tübingen: Narr Francke Attempto Verlag, 2007), S. 55, 66, 77, ff.

Nach Norman Fairclough lassen sich aus Foucaults Werk im Wesentlichen zwei praktikable Schlüsse für die Kritische Diskursanalyse ableiten. Erstens wird auch Soziales (mitunter soziale Subjekte) weithin über Diskurse konstituiert. Zweitens stehen Diskurse stets in engem Zusammenhang mit anderen Diskursen, bestimmen und beeinflussen sich wechselseitig. Gleichermaßen reziprok verhalten sich auch die einzelnen Elemente von Diskursen. Stärker als Foucault legt Fairclough sein Augenmerk auf die Konflikte, innerhalb derer sich bestimmte Positionen (und Diskurse) erst durchsetzen müssen. Brüche und Diskontinuitäten in den gesellschaftlichen Aushandlungsprozessen geraten dabei entsprechend stärker ins Blickfeld. Die 'Intertextualität' – also ein Konzept, das die Konstruktion von Texten aus externen Textelementen beschreibt, welche dabei 'nur' neu zusammengesetzt werden – stellt für Fairclough eine entscheidende Bedingung für Veränderungen innerhalb von Diskursen dar. Der permanente Verweis von Diskurselementen auf Externes produziert nämlich im Diskurs Ambivalenzen und wirkt so potentiell destabilisierend. Durch seine Konzentration auf die Referenzialität spezifischer Diskurselemente kann Faircluogh zugleich auf allgemeinere Strukturen schließen.[16]

Der Gebrauch von Sprache hat nach Fairclough und Wodak stets auch eine praktische Dimension. Als soziale Praxis bedingen sich Diskurs und dessen Kontext wechselseitig:

> „Describing discourse as social practice implies a dialectical relationship between a particular discursive event and the situation(s), institution(s) and social structure(s) which frame it. A dialectical relationship is a two way relationship; the discursive event is shaped by situations, [...] but it also shapes them."[17]

Insofern der Diskurs als soziale Praxis betrachtet, letztlich über Soziales erklärt, in seinen Wirkungen auf Soziales untersucht werden kann und zugleich überindividuelle Bedeutung hat, kann er mit Émile Durkheim als *soziale Tatsache*[18] interpretiert werden. Er ist damit (auch) ein Gegenstand der Soziologie.

Der hier gewählte Ansatz soll zudem ein dezidiert religionssoziologischer sein. Die Religionssoziologie bildet die volle Spannweite soziologischer Forschung und Theoriebildung ab. Ihr Blickfeld ist stets auf den Gegenstand des Religiösen

---

16 Vgl. Ebd., S. 160 -170
17 Norman Fairclough/ Ruth Wodak, *Critical Discourse Analysis*, in: Teun Van Dijk (Hg.): *Discourse as Social Interaction*, Discourse Studies: A Multidisciplinary Introduction, Bd. 2 (London: SAGE Publications, 1997), S. 258-284
18 Vgl. Fritz Stolz, *Grundzüge der Religionswissenschaft* (3. Aufl., Göttingen: Vandenhoeck und Ruprecht, 2001), S. 47

ausgerichtet. Das Religiöse wird dabei nicht über religiöse, sondern über soziale Kriterien erklärt, was zugleich eine Abgrenzung zur Theologie darstellt, die letztlich selbst das Soziale über religiöse Kriterien erklärt.[19] Gegenstand dieser Arbeit ist nicht der Migrationsdiskurs, sondern der Islamdiskurs in seiner spezifischen Einbindung in den Migrationsdiskurs.

Der Islam kann als Diskurs beschrieben und z.b. nach Amir-Moazami und Salvatore als religiöse Diskurstradition gedeutet werden. Sie verweisen damit auf eine der Religionsgemeinschaft interne diskursive Beständigkeit, die sich wesentlich auf eine tradierte „Enzyklopädie des Guten" stützt. Auch Veränderungen des religiösen Diskurses können damit aus internen Bedingungen heraus erklärt werden.[20] Aber auch religiöse Diskurstraditionen stehen nicht abseits sie rahmender gesellschaftlicher Bedingungen und entwickeln sich stets im Verhältnis zu anderen Diskursen. Aussagen über den Islam werden zudem nicht ausschließlich von Muslim_innen artikuliert, sondern entwickeln sich überdies in einem allgemein-gesellschaftlichen Kontext. Gerade in Europa, wo der Islam vorwiegend die Religion einer Minderheit darstellt, haben weitgehend extern bestimmte Diskurse zum Islam beträchtlichen Einfluss auf islamische Selbstbeschreibungen. So betont etwa Jocelyne Cesari die Bedeutung von Fremdwahrnehmungen und Interaktionen mit dem sozialen Umfeld für den individuellen Identitätsbildungsprozess. Besonders im Falle europäisch-islamischer Identitäten spielen für Cesari wirkmächtige Meta-Narrative eine entscheidende Rolle:

„Muslims in Europe, perhaps more than the members of any other religious group, are no longer in control of this interaction and a discourse about Islam is imposed upon them – a discourse that spreads across all levels of society from the micro-local to the international."[21]

Dies gilt sicherlich umso mehr, als besonders im europäischen Raum von religiösen Diskurstraditionen weitgehend unabhängige und wirkmächtige Beschreibungsformen bereits vorhanden sind, die dem Islam und vor allem dem Orient bestimmte

---

19   Vgl. Günther Kehrer, *Religionssoziologie*, in: Hubert Cancik et. al. (Hg.): Handbuch religionswissenschaftlicher Grundbegriffe, Bd. 1 (Stuttgart: Kohlhammer, 1988) S. 59, f.

20   Vgl. Armando Salvatore, Schirin Amir-Moazami, *Religiöse Diskurstraditionen: Zur Transformation des Islam in kolonialen, postkolonialen und europäischen Öffentlichkeiten*, in: Berliner Journal für Soziologie 12 (3/2002), S. 309-330

21   Jocelyne Cesari, *Muslim Identities in Europe: Muslim Identities in Europe: the snare of exceptionalism*, in: Aziz Al Azmeh/ Effie Fokas (Hg.): *Islam in Europe: Diversity, Identity and Influence*, (Cambridge: Cambridge University Press, 2007), S. 52

Eigenschaften zuweisen.[22] Zweitens ist die (Neu-) Kontextualisierung des Islam in einigen europäischen Ländern mit Prozessen verbunden, die religiöse Traditionen und Autoritätsstrukturen brüchig werden lassen. So geht laut Olivier Roy die Migration von Muslim_innen „in den Westen" mit drei in die gleiche Richtung wirkenden Konsequenzen einher. Dazu gehören:

> „1. die Verwässerung der ursprünglichen Kultur, in der Religion in eine bestehende Gesellschaft eingebettet war;
> 2. das Fehlen legitimierter religiöser Behörden, die die Normen des Islam definieren könnten, gepaart mit einer Krise der Weitergabe des Wissens sowie
> 3. die Unmöglichkeit irgendeine Form von gesetzlichem, gesellschaftlichem oder kulturellem Zwang auszuüben."[23]

Auch wenn dem Islamdiskurs auf einer weitgehend nicht religiös bestimmten Ebene nachgespürt werden soll, so kann die Methode, ob der Fokussierung auf Religion, als religionssoziologisch bezeichnet werden. Die Perspektive ist darüber hinaus eine religionswissenschaftliche.

---

22 Vgl. Kapitel III.1
23 Olivier Roy, *Der islamische Weg nach Westen: Globalisierung, Entwurzelung und Radikalisierung* (München: Pantheon, 2006), S. 156

2 Vorgehen

Islam- und Migrationsdiskurs sind jeweils hochkomplexe Phänomene. Der Migrationsdiskurs lässt sich etwa in einen Diskurs über Migration und einen über Migrant_innen einteilen, die wechselseitig miteinander verbunden und füreinander relevant sind. Der Diskurs über Migration ist notwendigerweise stark politisch geprägt. Einwanderung nach Deutschland ist schließlich stets Einwanderung in einen Nationalstaat und wird von diesem über politische Prozesse reglementiert. Folglich hat dieser Diskurs unter anderem eine national-identitäre, eine national-institutionelle sowie eine national-ökonomische Komponente. In einem Diskurs über Migrant_innen sollten dagegen Faktoren wie Ethnizität, Kultur (und entsprechend auch Religion) oder Klasse eine wichtigere Rolle spielen. Der Islamdiskurs könnte ähnlich in einen Diskurs über die Religion – also etwa über Glaubensinhalte sowie religiöse Rituale – und einen über Muslim_innen (und damit auch hier Ethnizität, Kultur, Klasse etc.) eingeteilt werden. Islam- und Migrationsdiskurs können zudem auf verschiedenen Diskursebenen (wie Medien, Politik, Wissenschaft etc.) untersucht werden, die wiederum untereinander vielschichtige Wechselwirkungen eingehen. Die hier nur andeutbare Komplexität des Gegenstandsbereichs sowie ein Mangel an geeignetem theoretischen wie empirischen Material (das auch an der Schnittstelle zwischen Islam- und Migrationsdiskurs ansetzt) haben bereits weitreichende Implikationen für den Aufbau dieses Buches.

Der erste Teil wird einen groben Überblick über verschiedenartige Ansätze zum Gegenstandsbereich liefern, die, miteinander in Zusammenhang gesetzt, einen theoretischen Hintergrund für den zweiten, empirischen Teil bieten. Dieser bedarf der Kontextualisierung, da er, der Leitfrage entsprechend, qualitative Ergebnisse liefern soll und daher nur einen sehr spezifischen Ausschnitt des Diskurses untersuchen kann.

Der Umfang des Forschungsmaterials zum Thema ist zwar prinzipiell erheblich, lässt sich aber insofern deutlich eingrenzen, als hier erstens nur Ansätze in den Blick kommen, die Islam und Migration auf der Ebene des Diskurses zu beschreiben suchen. Zweitens wird auf Arbeiten fokussiert, die auch über die Analyse einzelner Textstücke, Medien oder Textgenres hinaus den Diskurs auf einer möglichst allgemeinen und weitreichenden Ebene behandeln. Drittens stehen weniger die Darstellungsmittel, sondern eher die Darstellungsinhalte im Vordergrund. Beide verweisen sicherlich aufeinander. Es erscheint allerdings nicht unproblematisch, von den Mitteln zugleich auf die inhaltliche Ebene zu schließen. Gerade medienana-lytische und auch vielfach religionswissenschaftliche Arbeiten fallen so aus dem Rahmen der für das Forschungsinteresse relevanten Literatur.

Der religionswissenschaftlichen Arbeit von Petra Klug kommt hier dagegen besondere Aufmerksamkeit zu, da sie sich mit dem Islamdiskurs im Kontext von Parlamentsdebatten auseinandersetzt und dabei die Verknüpfung mit dem Migrationsdiskurs zum zentralen Untersuchungsgegenstand macht. Ihre These, nach der eine Assoziation mit Migration negativere Zuschreibungen mit sich bringt, wird allerdings gewissermaßen nur quantitativ – im Sinne einer weitgehenden Übereinstimmung mit den untersuchten Konstellationen – belegt. Die eingangs formulierte Leitfrage unterscheidet sich diesbezüglich von Klugs Methodik deutlich. Es geht hier weniger darum, zu untersuchen, *ob* eine negative Wirkung von einem Migrationskontext auf den Islamdiskurs ausgeht. Vielmehr soll es darum gehen, festzustellen, unter welchen Bedingungen bzw. wie allgemein und in einem konkreten Fallbeispiel über Islam im Kontext des Migrationsdiskurses gesprochen wird.

Exemplarisch untersucht wird die Einbindung des Islamdiskurses in den Migrationsdiskurs erstens am 2006 in Baden-Württemberg eingeführten Gesprächs-leitfaden für Einbürgerungsgespräche, zweitens anhand dessen Thematisierung im Landtag und im Bundestag. Der Leitfaden ist insofern von besonderem Interesse, als dem Verfahren bzw. den damit verbundenen Debatten eine Kopplung zwischen Migration und Religion inhärent ist. Wichtig an den Parlamentsdebatten ist zudem, dass hier ein äußerst umstrittenes Thema erstens sehr öffentlichkeitswirksam und zweitens durchaus konträr debattiert wird. Insofern kann erwartet werden, dass die vertretenen Standpunkte in einem zwar überschaubaren Kontext allerdings relativ vielfältig ausfallen und kritisierbare Aussagen auch auf Kritik stoßen werden.

III Diskurse zu Islam und Migration

1 Postkoloniale Perspektiven

1.1 Ein kolonialer Diskurs

Edward Said beschreibt in seinem Hauptwerk *Orientalism* die Produktion eines diskursiven[24] Orients in Form des westlichen Orientalismusdiskurses als wesentlich mit der historischen Kolonisierung des realen[25] Orients verknüpft. Die vorwiegend akademische Wissensproduktion über den Orient, welche bereits maßgeblich in die kolonialen Machtstrukturen eingebunden ist, dient dabei der Legitimierung und zugleich Durchsetzung europäischer Vorherrschaft. Der Diskurs über den Orient wird dabei zum eigentlichen Repräsentanten dessen, worüber er spricht oder zumindest zu sprechen vorgibt. In der Setzung des Orients als dem *Anderen* der europäischen Gesellschaften entsteht zugleich ein positives Selbstbild letzterer. Innerhalb eines dichotomen Systems findet der als rational und fortschrittlich (bzw. auch fortschreitend) gekennzeichnete Okzident seinen Widerpart im irrationalen und geschichtslos unterentwickelten Orient.[26] Said schreibt:

> „On the one hand there are Westerners, and on the other there are Arab-Orientals; the former are (in no particular order) rational, peaceful, liberal, logical, capable of holding real values, without natural suspicion; the latter are none of these things."[27]

Auch in den USA, die sich in Nachfolge der alten Kolonialmächte zum neuen globalen Machtzentrum entwickeln, wirken die reziproken Projektionen weitgehend unmodifiziert fort und prägen unter anderem die Außenpolitik. Weltpolitisch wirkt der Orientalismusdiskurs (noch immer) auf die Beziehungen zwischen Orient und Okzident. Zugleich beeinflusst er Selbstbeschreibungen auf beiden Seiten der durch ihn gezogenen Grenze.[28] Zur Differenzierung zwischen Orient und Okzident kommt

---

24 Saids Diskursbegriff ist stark an Foucault angelehnt.

25 Trotz dieser Referenz zu Foucault stellt er einem diskursiven einen realen Orient gegenüber.

26 Maria Do Mar Castro Varela/ Nika Dhawan, *Postkoloniale Theorie: Eine kritische Einführung*, Rainer Winter (Hg.): Cultural Studies, Bd. 12 (Bielefeld: transcript, 2005), S. 31, f.

27 Edward Said, *Orientalism*, 25th Anniversary Edition (New York: Vintage Books, 1978), S. 49

28 Vgl. Maria Do Mar Castro Varela/ Nika Dhawan, *Postkoloniale Theorie*, S. 34, f.

für Said noch eine Differenzierung zwischen einem guten Orient, der sich im Wesentlichen auf ein lange vergangenes, historisches Indien bezieht, und einem schlechten Orient der Gegenwart, welcher wesentlich durch den Islam markiert wird.[29] Ein nicht unwesentlicher Teil der kritischen Rezeptionen von *Orientalism* richtet sich gegen Saids Fokussierung auf die Homogenität und Beständigkeit des Diskurses bei Vernachlässigung von Brüchen und Divergenzen.[30] So müsste etwa laut James Clifford insbesondere die Entstehung und Rolle des deutschen Orientalismus-diskurses Saids These des Ineinandergreifens vom Diskurs über den Orient und dessen 'realer' Beherrschung in Frage stellen.[31] Den deutschen Orientalismusdiskurs beschreibt Said in Anbetracht solcher Einwände allerdings als von untergeordneter Bedeutung gegenüber dem britischen und französischen.[32]

Als Erweiterung zu Saids Beschreibung des Orientalismusdiskures ist zudem festgestellt worden, dass dieser mit erheblichen geschlechtsspezifischen Konnotationen versehen war, da er, wie Castro Varela und Dhawan zusammenfassen, „als ein Ort verbotener sexueller Praktiken imaginiert wurde, indem Frauen die Rolle des passiven, schweigsamen und willigen Subjekts zugewiesen wurde".[33]

1.2 Koloniale Muster im bundesdeutschen Migrationsdiskurs

Der Politikwissenschaftler Kien Nghi Ha vergleicht bundesdeutsche Migrationspolitik und Migrationsdiskurse mit denen des deutschen Kaiserreichs um 1900 und beschreibt sie dabei als nach wie vor konstanten kolonialen Mustern verhaftet. Das Entstehen einer zentral verwalteten und reglementierten Arbeitsmigration (von vorwiegend polnischstämmigen[34] Ausländer_innen) im deutschen Reich stellt für Ha eine „Inversion kolonialer Expansionsformen" dar. Die Politik folgt dabei dem Primat nationaler Interessen, die gegen die Belange der Migrierten durchgesetzt werden. Diese werden in diesem Prozess entwertet und in die Marginalität gezwungen.

29 Vgl. Edward Said, *Orientalism*, S. 99
30 Vgl. Maria Do Mar Castro Varela/ Nikita Dhawan, *Postkoloniale Theorie*, S. 39
31 James Clifford, *The Predicament of Culture: Twentieth-Century Ethnography, Literature and, Art* (Cambridge: Harvard University Press, 1988), S. 267
32 Vgl. Maria Do Mar Castro Varela/ Nikita Dhawan, *Postkoloniale Theorie*, S. 39
33 Vgl. ebd S. 44
34 Auch wenn Polen zu jener Zeit nicht als souveräner Staat existiert, spielt die Ethnizität der Arbeiter_innen offenbar eine Schlüsselrolle im Diskurs.

Gekennzeichnet ist die Situation des Kaiserreichs von einer Ambivalenz nationalistischer Abwehrreaktionen gegen die Migration wie die Migrierten bei gleichzeitig hohem Interesse an deren ökonomischer Ausbeutung. Diese Tendenzen sollten nach Ha als zusammenhängend begriffen werden, da sie der Politik ein flexibles Changieren bei der Steuerung der Immigration je nach situativer nationaler Interessenlage ermöglichen. Die Anwesenheit der polnischen Arbeiter_innen im deutschen Reich wird (v.a. als politisches) Sicherheitsrisiko betrachtet. Zugleich gelten sie der deutschen Bevölkerung als kulturell wie biologisch minderwertig. Es kursieren weit verbreitete Bedrohungsszenarien, deren Metaphorik starke Parallelen zum Migrationsdiskurs der BRD[35] aufweist und in denen Ängste vor wirtschaftlicher, kultureller und biologischer Verdrängung der Deutschen durch die Pol_innen artikuliert werden. Die Migrierten (in diesem Kontext wie generell die Kolonisierten in einem kolonialen Diskurs) werden in den Fremdbeschreibungen einerseits kriminalisiert, andererseits infantilisiert. Da sie zugleich als unmündig und gefährlich gelten, können bzw. müssen sie unterworfen und beherrscht werden. Bei günstiger Konjunktur dienen die Immigrierten der Wirtschaft als billig verfügbare Reservearmee, bei ungünstiger als sozialer Puffer. Sie können als erste ausgestellt werden und (sollen) dabei nur minimale Sozialkosten verursachen. Die nach Ha auch heute noch relativ stabile Unterschichtung der Gesellschaft durch Zugewanderte wirkt wiederum positiv auf die sozialen Aufstiegsmöglichkeiten Deutscher. Selbst deregulierte Arbeitsverhältnisse können als Teil der kolonialen Strukturen verstanden werden und bilden vielleicht sogar die Spitze der Ausbeutungspolitik gegenüber Arbeitsmigrant_innen. Lediglich werden sie heute nicht mehr zentral organisiert, dafür aber „stillschweigend geduldet".[36]

Ähnlich von kolonialen Mustern durchsetzt stellt sich der Integrationsdiskurs dar. Hier werden die zugewanderten Anderen ungeachtet aller realen Unterschiede entindividualisiert, indem sie über kollektive Eigenschaften, die in Opposition zu westlichen Prinzipien stehen, charakterisiert werden. Wo sie ihr Eigeninteresse an der Integration nicht erkennen oder umsetzen, können und müssen sie zur Integration verpflichtet werden. Die integrierende Sanktion individualisiert die kulturell

---

35 Vgl. Kapitel III.2.3
36 Vgl. Kien Nghi Ha, *Die kolonialen Muster deutscher Arbeitsmigratonspolitik*, in: Hito Steyerl, Encarnacion Gutierrez Rodriguez (Hg.): *Spricht die Subalterne deutsch?: Migration und postkoloniale Kritik*, 2. Aufl. (Münster: Unrast, 2012), S. 61-93

defizitären Zugewanderten wiederum nach ihren Fortschritten im Integrationsprozess.[37]

Zu Has Ansatz kann zusammenfassend gesagt werden, dass die Leitlinien der Migrationspolitik sowie die Maßstäbe der Beurteilung von Migrant_innen im wesentlichen ökonomische sind. Die Konstruktion der Migrierten als andersartig vermag darüber hinaus deren Ausbeutung und Sanktionierung zu legitimieren.

1.3 Islam und Orient – Zwei Seiten des Anderen

Iman Attia stützt sich in ihrer Argumentation auf qualitative Interviews mit jungen westdeutschen Erwachsenen, die selbst keine Muslim_innen waren, jedoch alle auf verschiedenerlei persönliche Erfahrungen im Kontakt mit Menschen aus „islamischen Kulturen" rekurrieren konnten. Dabei ist sie bestrebt, die gesellschaftliche Reproduktion von Orient- und Islamdiskursen auf der Subjektebene nachzuvollziehen. Die Interviews sind wesentlich danach ausgerichtet, sozialen wie kulturellen Einordnungen und Affizierungen der Begriffe Orient und Islam nachzuspüren. Politische Ereignisse spielen in den während der 1990er Jahre geführten Gesprächen allenfalls am Rande eine Rolle. Geschlechterverhältnisse werden dagegen von allen Befragten an zentraler Stelle thematisiert.[38]

Islam wird in den Interviews in der Regel mit Fremdheit und vielfach direkt mit Ausländisch-Sein assoziiert. Er tritt hier als Markierung einer spezifisch nicht-westlichen Kultur auf. Kultur wird dabei erstens essentialisierend gedacht – im Sinne von sich nach ihren Normen und Werten definierenden, unvereinbar gegenüberstehenden und im wesentlichen homogenen Systemen. Zweitens wird sie hierarchisierend gedacht, indem der Westen der anderen Kultur in praktisch jeder Hinsicht als überlegen betrachtet wird. Er wird dabei als freiheitlicher, fortschrittlicher, humaner, demokratischer etc. beschrieben. Die Werte bzw. Eigenschaften, die den Westen dabei charakterisieren, richten ihn zugleich als den Maßstab für die Einordnung und Bewertung des Fremden aus. Sie stellen „leere

---

37 Vgl. Kien Nghi Ha/ Markus Schmitz, *Der nationalpädagogische Impetus der deutschen Integrations(dis)kurse im Spiegel post-/kolonialer Kritik*, in: Paul Mecheril/ Monika Witsch (Hg.): *Cultural Studies und Pädagogik: Kritische Artikulationen* (Bielefeld: transcript, 2006), S. 225 - 266

38 Vgl. Iman Attia, *Die 'westliche Kultur' und ihr Anderes: Zur Dekonstruktion von Orientalismus und antimuslimischem Rassismus* (Bielefeld: transcript, 2009), S. 95, 96; 147

Signifikanten" im Sinne Laclaus, also besonders deutungsoffene und unpräzise Begriffe, dar. Rückgriffe auf den Islam als die Religion (und hier insbesondere auf den Koran) der fremden Kultur ergänzen und plausibilisieren deren Charakterisierung. Wahrgenommene Widersprüchlichkeiten dieser Kultur werden durch polarisierende Zuordnung der Eindrücke in die Bereiche Islam und Orient zum Ausdruck gebracht, so dass alle positiven Aspekte im Kontext Orient, alle negativen im Kontext Islam stehen. Als Beispiel nennt Attia hier die so mögliche Gegenüberstellung von orientalischer Gastfreundlichkeit mit islamischer Frauenunterdrückung. Noch erstaunlicher ist hier aber die Wahrnehmung orientalischer Frauen als Symbole freizügiger Sexualität und Erotik, während islamische Frauen im gegenteiligen Sinne wahrgenommen werden.[39]

Der Bezugspunkt Islam ist für die Befragten gegenüber dem Orient das eigentlich entscheidende pars pro toto der fremden Kultur. Der Orient wirkt ihm gegenüber „nostalgisch und verklärt als unwirklich, vergangen, verträumt, exotisch an den Rand gedrängt". Eigene Erfahrungen, die den stereotypen Bildern von Orient und Islam widersprechen können, beschädigen diese in der Regel nicht, sondern werden entweder gar nicht damit in Verbindung gebracht oder als Ausnahmen betrachtet. Insbesondere ist hier die Auffassung zu nennen, dass bestimmte Personen, die sonst aus dem Rahmen fallen würden, verwestlicht sein können und damit keine eigentlichen Repräsentant_innen ihrer Kultur (mehr) darstellen.[40]

Es soll zu diesem Ansatz Attias noch angemerkt werden, dass sich keine der befragten Personen affirmativ auf das Christentum bezieht.[41] Dadurch könnte eine Projektion negativ bewerteter Bilder auf den Islam-Begriff auch nur ein spezifisches Phänomen der hier untersuchten Personengruppe sein. Wer sich selbst als religiös betrachtet, könnte Religiosität bei anderen schließlich auch als verbindendes Merkmal betrachten und z.B. eher Kultur als Religion zum Anknüpfungspunkt negativer Zuschreibungen machen. Attias Arbeit kann dafür aufzeigen, dass im bundesdeutschen Kontext Orient- und Islamdiskurs, wenngleich miteinander verwoben, doch durchaus unterscheidbar sind.

---

39 Vgl. ebd., S. 26, 95-99, 147, f.
40 Vgl. ebd., S. 104-107, 147, f.
41 Vgl. ebd., S. 144

1.4 Zusammenfassung

Nach Said hat der Orientalismusdiskurs den Orient als Gegenbild des Westens ausgerichtet. Mit der Beschreibung des Orients als unterlegen und unterentwickelt wird die Herrschaft bzw. Vorherrschaft des Westens legitimiert und erscheint sogar erforderlich. Im Zusammenspiel von Machtkonstellationen und Machtinteressen ist es damit dem *realen* Westen gelungen die Identität des Orients diskursiv festzusetzen. Auch wenn die Bundesrepublik und deren Vorgängerstaaten verhältnismäßig wenig koloniale Ambitionen hatten, kann der deutsche Migrationsdiskurs doch mit Ha als traditionell kolonialer Diskurs betrachtet werden. Negative Eigenschaften der Zugewanderten, die dabei diskursiv gesetzt sind, können auch hier als Konsequenz bestehender Machtverhältnisse und Machtinteressen interpretiert werden. Mit der Diskursanalyse Attias lässt sich zeigen, dass Islam- und Orientvorstellungen durchaus voneinander abweichen können, beide allerdings in Gegenüberstellung zu einer westlichen Gesellschaft konstituiert sind. Der Islam nimmt in dieser Interpretation die Rolle eines Kernelements einer fremden bzw. ausländischen Kultur ein und dient zugleich als Projektionsfläche für negative Zuschreibungen.

2 Betrachtungen zum Migrationsdiskurs

2.1 Der Diskurs um die Jahrtausendwende

Matthias Hell hat die politische Zuwanderungsdebatte zwischen 1998 und 2002, also der ersten Legislaturperiode der rot-grünen Bundesregierung, diskursanalytisch untersucht. Demnach weist der Diskurs vier grundsätzliche Merkmale auf. Darunter fällt zunächst die vielfach vertretene Intention, – trotz Reform des Staatsangehörig-keitsrechts – auf einer nach ethnisch-kultureller Homogenität definierten deutschen Nationalität zu beharren. Auch auf linker oder liberaler Seite erscheint die Vorstellung ethnisch-kultureller Heterogenität nicht unproblematisch. Dementsprechend kann sich ein Integrationsbegriff verfestigen, der stark auf die kulturelle Assimilation der Zugewanderten abzielt, während soziostrukturelle Faktoren eher am Rande thematisiert werden. Zweitens werden die Zuwanderungsfragen durchgängig innerhalb ökonomischer Kontexte behandelt. Vor allem die Arbeitsmarktlage stellt dabei eine auch über den untersuchten Zeitrahmen hinaus dominante Kategorie des deutschen Einwanderungsdiskurses dar. Gerade in Anbetracht einer erfolgreichen IT-Branche konnten sich nach Hell in der Politik überhaupt Debatten über ein liberaleres Zuwanderungsrecht entfalten. Neben diesen Faktoren kann eine verstärkte Forderung nach mehr staatlicher Regulierung der Migrationspolitik beobachtet werden. Das gilt sowohl für die Debatten um das neue Zuwanderungsgesetz als auch für die sicherheitspolitischen Erwägungen infolge des 11. September. Darüber hinaus hat der Einwanderungsdiskurs stets eine äußerst symbolträchtige Dimension, da hier immer auch Grundfragen kollektiver Identität ausgehandelt werden.[42]

Aufgrund zweier folgenschwerer Entwicklungen verändert sich der Zuwanderungsdiskurs um das Jahr 2001. Zum einen wirkt die verschlechterte Wirtschaftslage auf die Debatte, wodurch ökonomische Argumente nicht mehr zur Befürwortung von Zuwanderung geltend gemacht werden können. Stattdessen wird nun in Anbetracht der Arbeitsmarktlage verstärkt für eine Begrenzung der Zuwanderung argumentiert.[43]

Dazu wird infolge der Anschläge am 11. September über Migrationspolitik verstärkt

---

42 Matthias Hell, *Einwanderungsland Deutschland?: Die Zuwanderungsdiskussion 1998 – 2002* (Wiesbaden: VS Verlag für Sozialwissenschaften, 2005), S. 167-171
43 Vgl. ebd., S. 147

im Rahmen von Sicherheitsinteressen debattiert. Es entsteht eine Atmosphäre, die das Bild der Zugewanderten deutlich negativ färbt. Repräsentiert werden diese in den Debatten nicht mehr länger vom eher positiven Stereotyp des „ausländischen Computer-Experten", sondern vielmehr vom unverdächtigen „Stand-By-Attentäter". Für den Diskurs bedeutet die veränderte Konstellation eine „Bestärkung von Bedrohungsparadigma und Homogenitätsdispositiv."[44]

2.2 Die Kehrseite: Der Ausweisungsdiskurs

Nach Tobias Schwarz funktioniert der Ausweisungsdiskurs über angenommene Differenzen zwischen Deutschen und Nicht-Deutschen, wobei die Differenzkonstruktionen im Diskurs zugleich reproduziert werden. Als notwendig für die Ausweisungsbegründungen erweist sich die Annahme einer *externen* Bedrohung. Indem in den Ausweisungsbegründungen etwa Kriminalität als Ausdruck kultureller Differenz beschrieben wird, stellt sie ein externes Problem dar. Letztlich ist auch „Devianz [...] damit weder individuelle noch soziale Anomie, sondern auf die Ebene der Kultur transferierte Differenz". Die Ausweisung ist dann nicht mehr nur aufgrund des juristischen Status (Staatsangehörigkeit) von Personen, sondern auch durch die damit verbundene 'tatsächliche' Differenz gerechtfertigt. In diesem Sinne wirkt der Ausweisungsdiskurs identitätsstiftend bzw. -reproduzierend entlang der durch Staatsangehörigkeit gezogenen Grenze. Für den Zeitraum nach 2001[45] konstatiert Schwarz eine „anti-islamisch[e]" Ausrichtung aller Verschärfungen des Ausweisungsrechts. In Form einer ideologisch-religiösen Affektierung der Differenzkonstruktionen kann (fremde) Kultur in diesem Kontext nicht mehr nur als ein das Verhalten determinierender Faktor, sondern auch als Mittel der bewussten Wendung gegen die deutsche Kultur gedeutet werden.[46]
Eine weitere Modifikation des Ausweisungsdiskurses ist in diesem Zeitraum am Integrationsbegriff festzumachen. Der spielte Ende der 1990er Jahre noch eine untergeordnete Rolle. In der Folgezeit kommt ihm aber eine zunehmend eigenständige und zugleich weitreichende Bedeutung zu:

---

44 Vgl. ebd., S. 151
45 Der Untersuchungszeitraum reicht bis 2007.
46 Tobias Schwarz, *Bedrohung, Gastrecht, Integrationspflicht: Differenzkonstruktionen im deutschen Ausweisungsdiskurs*, (Bielefeld: transcript, 2010), S. 238-245

„'Integration' ist kein Indikator-Konzept mehr. Vielmehr handelt es sich um ein Regelungskonzept. 'Integration' wird zum ausschlaggebenden Faktor, wenn es um Stabilität, Frieden, Demokratie, Recht und das Soziale an sich geht. [...] Wenn bestimmte Bevölkerungsgruppen also nichts für ihre Integration tun, ja sich sogar gegen ihre Integration wehren, dann sind *sie* es, die Probleme, Konflikte, das Auseinanderfallen der Gesellschaft usw. zu verantworten haben."[47]

Integration wird damit primär normativ als geforderte Anpassung an geltende Normen, nicht als soziale Inklusion verstanden. Dabei stellt sie ein Mittel zur Erreichung allgemeiner gesellschaftlicher Ziele dar, welches im Verantwortlichkeitsbereich der Minderheiten verortet wird. Die Ausweisung wiederum dient als Mittel zur Erzwingung der Integration.[48]

2.3 Kollektivsubjekt und Kriminalität

Entscheidendes Merkmal des medialen Migrationsdiskurses ist laut Jäger und Jäger die permanente Wiederholung kollektiver Symbole (wie das „volle Boot", das die eigene Nation, Staatengemeinschaft oder ähnliches symbolisiert), also sinntragender Bilder, die allgemeinverständlich sind.[49] In diesem Diskurs stehen sie miteinander in einem spezifischen Zusammenhang:

„Die Symbole, die das eigene System codieren, signalisieren fast immer den Subjektstatus der Dargestellten, während die Symbole, die sich auf die Außenwelt beziehen, diesen vermissen lassen. Das eigene System wird durch Symbole codiert, die mit Ordnung und Rationalität verbunden sind, das Außensystem durch solche, die Chaos und Unberechenbarkeit symbolisieren."[50]

Ein derartiges Symbolsystem fördert sowohl die Konstruktion eines „Kollektivsubjekts" als auch die Verbreitung rassistischer Vorstellungen.[51] Besonders seit 1997 kommt es im Mediendiskurs zu einer Verschränkung der Themen Immigration und Innere Sicherheit. Ausschlaggebend sind hierfür vor allem eine Studie von Wilhelm Heitmeyer u. a. (*Verlockender Fundamentalismus*) sowie ein Interview von Gerhard Schröder in der BILD AM SONNTAG (*Schröder: Kriminelle*

---

47 Ebd., S. 247
48 Vgl. ebd., S. 246-251
49 Vgl. Margret Jäger/ Siegfried Jäger, *Gefährliche Erbschaften: Die schleichende Restauration rechten Denkens* (Berlin: Aufbau, 1999), S. 119
50 Ebd., S. 120
51 Vgl. ebd., S. 122

Ausländer raus!), die beide in diesem Jahr veröffentlicht werden. Diese Verschränkung verstärkt rassistische Elemente des Diskurses, da Ausländer_innen verallgemeinernd mit Kriminalität assoziiert werden und in derlei Hinsicht vermehrt Bedrohungsszenarien gezeichnet werden. Aber auch Berichte, die sich gegen den Trend derartig tendenziöser Darstellungen wenden, müssen notgedrungen der Struktur des Diskurses Tribut zollen. Sie tun das, indem sie z.b. dem spezifischen Symbolsystem verhaftet bleiben oder andernorts verbreitete Bedrohungsszenarien noch in ihrer Negierung bestätigen (oder ihnen zumindest Plausibilität zugestehen).[52]

2.4 Vorannahmen in der Wissenschaft

Elisabeth Beck-Gernsheim wirft den Blick auf ein Problem „in der deutschen Migrationsforschung – die zumeist von Soziologen betrieben wird", das ihrer Auffassung nach auch in den aktuelleren Untersuchungen vielfach virulent bleibt, nämlich der Projektion von Alltagswissen auf die Forschungsergebnisse. Es ist demnach nicht nur ein „naiver, kulturblinder Positivismus", der soziologische Forschungsergebnisse problematisch macht, weil kulturelle bzw. lebensweltliche Differenzen (zwischen Forscher_innen und Erforschten) ungenügend berücksichtigt werden. Unterstellte kulturelle Eigenheiten von Migrant_innen, die als unhinterfragte Grundannahmen dem Alltagswissen der Forscher_innen entlehnt sind, lassen darüber hinaus Schlüsse plausibel erscheinen, die den empirischen Daten eigentlich widersprechen bzw. „geradezu eine Blindheit gegenüber den Daten" verlangen. Hier sind vor allem zwei der von Beck-Gernsheim beschriebenen Grundannahmen bemerkenswert. Zunächst geht es um das „Vorwissen", dass Türk_innen traditions-orientiert sind. Beck-Gernsheim verweist dabei unter anderem auf eine Studie des deutschen Jugendinstituts, nach der in Deutschland lebende türkische Jugendliche Religion eine höhere Bedeutung beimessen als Jugendliche mit deutschem Pass. Während die Forscher_innen dies als Ausdruck von Traditionsgebundenheit der türkischen Jugendlichen deuten, behauptet Beck-Gernsheim, dass ebendies gerade nicht aus den erhobenen Daten hervorgeht, dieser Schluss sogar konträr zu differenzierten Untersuchungen über die Religiösität dieser Jugendlichen steht. Ein weiterer Stereotyp (der von Beck-Gernsheim aber nicht anhand von wissenschaftlichen Studien, sondern von Medienberichten beschrieben wird) ist der

---

52 Vgl. ebd., S. 126-137

vom „Grenzgänger im Kulturkonflikt". Die Erfahrungswelten von zwischen verschiedenen Kulturen stehenden Migrant_innen werden dabei grundsätzlich als negative imaginiert, geprägt von Unsicherheiten, Ängsten oder Identitätskonflikten. Sie werden damit konsequent in einem problematischen Weder-Noch-Zustand verortet, selbst wenn ein positives Sowohl-Als-Auch die passendere Beschreibungsform wäre.[53]

2.5   Verschränkung mit dem Frauendiskurs

Margret Jäger analysiert die Verschränkung des deutschen Einwanderungsdiskurses und des Frauendiskurses auf der Ebene des Alltags durch die qualitative Auswertung von Interviews. Dabei geht es ihr vor allem um die Wirkung antisexistischer Elemente im Diskurs über Einwanderung. Sie beschreibt dabei eine „Ethnisierung von Sexismus" in dem Sinne, dass sexistische bzw. patriarchale Verhaltensweisen und Einstellungen gezielt Zugewanderten (und damit einer ethnisch bestimmten Gruppierung) zugeschrieben sowie im Kontext dieser Zuschreibung thematisiert werden.[54]

Muslimische Personen stoßen nach Jäger wie auch Flüchtlinge und Personen aus Afrika oder Südamerika (in einem Immigrationskontext) auf große Vorbehalte (allerdings auch jenseits von Immigrationskontexten). Diese werden aber zusätzlich oft eigens expliziert und unter anderem mit generellen Differenzen zwischen Orient und Okzident und, damit einhergehend, mit spezifischen Frauenrollen assoziiert. Türk_innen gegenüber ist die Ablehnung dagegen weniger stark ausgeprägt. Zwar herrschen auch hier kulturalistische Zuschreibungen vor, die Türk_innen generell als rückständig, schwer zugänglich und teilweise als intolerant definieren, jedoch werden hier auch mehr Binnendifferenzierungen vorgenommen. So werden einerseits Männer und Frauen (welche in Opferrollen verortet werden) voneinander unterschieden sowie ältere und jüngere Türk_innen (letztere könnten eher mit ihrer Kultur brechen).[55]

Die Ethnisierung von Sexismus ist laut Jäger eine durchgängig relevante Variante rassistischer bzw. ethnozentristischer Konstruktionen, die den Einwanderungsdiskurs

---

53   Vgl. Elisabeth Beck-Gernsheim, *Wir und die Anderen: Kopftuch, Zwangsheirat und andere Missverständnisse*, (Erweiterte Neuausgabe, Frankfurt a. M.: Suhrkamp, 2007), S. 156-167
54   Vgl. Margret Jäger, *Fatale Effekte: Kritik am Patriarchat im Einwanderungsdiskurs* (Duisburg: Duisburger Institut für Sprach- und Sozialforschung, 1996), S. 96.
55   Vgl. Ebd., S. 147, f.

durchsetzen, relativ unabhängig von den jeweiligen individuellen Diskurspo-
sitionen[56]. Lediglich ist zu beobachten, dass sich Frauen intensiver und vielseitiger
mit Geschlechterverhältnissen bei den Migrant_innen auseinandersetzen.
Frauen mit höherem sozialen Status vertreten zudem tendenziell entschiedener antisexistische
Positionen. Sexismus wird entweder als statisches (rassistisch) oder als
veränderliches Phänomen (ethnozentristisch) zugeschrieben. Als Konsequenz der
Ethnisierung ist zu beobachten, dass sowohl die sexistischen Elemente im Diskurs
über Frauen als auch die rassistischen im Einwanderungsdiskurs nicht etwa
abgeschwächt, sondern eher noch konserviert oder verstärkt werden. Allerdings sind
im Immigrationsdiskurs auch antirassistische Elemente vorhanden und wirkmächtig.
So sind die interviewten Personen abseits der von ihnen vertretenen rassistischen
Positionen durchaus um Formulierungen differenzierter Sichtweisen und toleranter
Standpunkte bemüht, indem sie sich sich z.b. gegenüber direkten Negativbe-
wertungen des muslimischen Kopftuchs (sowie dessen Trägerinnen) verwehren.[57]

2.6   Die Migrantin als Sinnbild kultureller Differenz

Nach Christine Huth-Hildebrandt spielen bis in die siebziger Jahre Migration und
Migrant_innen im bundesdeutschen Alltagsdiskurs keine besondere Rolle und sind
zunächst am ehesten für ökonomische Erwägungen relevant. Thematisiert wird der
Lebensalltag von Zugewanderten zunächst in Wohlfahrtsverbänden, kirchlichen und
(vor-) schulischen Einrichtungen. Über Frauen-Migration wird wenig gesprochen und
Migratinnen fallen unter die allgemeine Kategorie der „Gastarbeiter". Erst als eine
verstärkte Migration von Frauen in die BRD einsetzt und zugleich Geschlecht als
Ordnungskategorie in der Wissenschaft Bedeutung erlangt, ändert sich dies.[58]
Die zunächst geringe Migration von Frauen in die BRD war außerdem bald nicht
mehr nur durch die geringe Nachfrage nach weiblichen Arbeitskräften zu erklären,
sondern musste auch am Misserfolg der Anwerbestrategien festgemacht werden.
Bereits im Zuge des ausbleibenden Anwerbeerfolgs entwickeln sich ethnisierende
Perspektiven, die die Südländerin (als typische Immigrantin) in einem gänzlich
anderem   Geschlechterverhältnis   verortet   als   Frauen   im   (potentiellen)

---

56 Mit Diskursposition ist gewissermaßen der Ort, von dem aus gesprochen wird, gemeint, nicht
    bereits das inhaltlich Gesagte.
57 Vgl. Ebd. S. 158, 277-281
58 Vgl. Christine Huth-Hildebrandt, *Das Bild von der Migrantin: Auf den Spuren eines
    Konstrukts* (Frankfurt a. M.: Brandes und Apsel, 2002), S. 23, 75, f.

bundesdeutschen Aufnahmeland. Die wahrgenommen patriarchalen Geschlechterbe-
ziehungen stellen sich als so resistent dar, dass sie durch Frauenerwerbstätigkeit nicht
etwa abgemildert werden können, sondern damit eher noch zu neuen Restriktionen zu
Ungunsten der Migrantinnen führen. Frauen, die durch Arbeitsmigration den
privaten, familiären Bereich verlassen und dabei ihren gewohnten sozialen Halt
verlieren, werden folglich in einem besonderen Elend verortet. Da die stereotype
Südländerin in Folge dieses Szenarios gar nicht immigrieren will, werden
Forderungen laut, einerseits besser auf die spezifischen Bedürfnisse der immigrierten
Frauen einzugehen, andererseits die Immigration ganzer Familien zu ermöglichen
bzw. zu erleichtern. Es ergibt sich damit zunächst eine Konstellation, die sowohl im
Interesse von Migrant_innen als auch der bundesdeutschen Behörden zu liegen
scheint.[59]

Ende der 1970er Jahre kommt es zunehmend zu einer „Orientalisierung" der
Zugewanderten, welchen jetzt vermehrt ein islamisch geprägtes Herkunftsland
zugeschrieben werden kann. Ethnologische Dorfstudien in solchen Ländern tragen
dazu bei, dass hier herausgearbeitete Muster bzgl. des Geschlechterverhältnisses auch
auf die in Deutschland lebenden Migrant_innen übertragen werden. Dabei wird eine
strikte lebensweltliche Trennung von öffentlicher und privater Sphäre angenommen,
bei der Frauen auf den privaten Bereich beschränkt bleiben. Folglich werden
Migrantinnen relativ unabhängig von ihren realen Lebensverhältnissen als
Hausfrauen bzw. Familienangehörige von Arbeitsmigranten eingeschätzt.[60]

Während zur Erklärung von Integrationsschwierigkeiten zunächst noch eher
Sprachprobleme und andere konkrete soziale Faktoren herangezogen werden,
kommen nun zunehmend kulturelle Differenzen in den Blick. Das gilt besonders für
das Bild einer zweiten Generation der immigrierten Bevölkerung. Kinder von
Zugewanderten werden aufgrund der starken Familienzentriertheit in einer
kulturellen Isolation verortet. Die Erziehung in diesen Familien wird als stark
geschlechtsspezifisch betrachtet. Sie soll die Kinder bereits in eine patriarchale
Rollenverteilung einweisen, indem etwa Mädchen primär moralisch und zum
Gehorsam gegenüber Männern erzogen werden. Als elementar für die Integration
wird somit die Überwindung dieser festen Familienstrukturen betrachtet. Zugleich
stellt die Familie den Austragungsort der mit der Integration einhergehenden
Identitätskonflikte und letztlich ihrer eigenen Modernisierung dar.[61]

---

59 Vgl. ebd., S. 77-81
60 Vgl. ebd., S. 153, f.
61 Vgl. ebd., S. 159-162

Ein solches Bild migrantischer Familienverhältnisse hält sich auch in den 1990er Jahren relativ konstant. Gestützt wird es von Forschungsergebnissen über die Türkei, die allerdings durchsetzt sind von jahrzehntelangen Fortschreibungen kaum hinterfragter und auf einer dünnen empirischen Basis stehender Allgemeinaussagen. Huth-Hildebrandt spricht dabei unter Berufung auf Doron Kiesel von einer „Trinität der bösen Mächte", aus Patriarchat, Islam und Traditionalität.[62]

Die wissenschaftlichen Arbeiten über Zugewanderte fokussieren vor allem Macht- und Gewaltverhältnisse in den Familien. Entweder wird die Familie dabei als bloße Zweckgemeinschaft im ökonomischen Sinne dargestellt, oder aber sie folgt den Maßgaben eines religiösen Fundamentalismus/Fanatismus. Dagegen werden (vor allem positive) emotionale Bezüge tendenziell ausgeklammert. Das Frauenbild differiert zwischen Opferrollen und Positionen, die die patriarchalischen Verhältnisse willfährig unterstützen um damit ihre eigene Lage zu verbessern.[63]

Diese Zuschreibungen werden von weiten Teilen der deutschen Bevölkerung und auf unterschiedlichen Diskursebenen reproduziert und sind „im Alltagsdiskurs, aber auch im sozialwissenschaftlichen, pädagogischen und politischen Diskurs miteinander verwoben und [...] zu einem statischen Bild geronnen." Dabei dient „eine imaginäre Migrantin [...] als Folie, vor der die Differenz des Geschlechterverhältnisses sichtbar wird."[64]

2.7   Mediale Differenzkonstruktionen am Beispiel Ehrenmord

Korteweg und Yurdakul haben sich mit der Berichterstattung zu Ehrenmorden in deutschen und niederländischen Printmedien des Jahres 2005 auseinandergesetzt. Es zeigt sich dabei, dass bei der Thematisierung deutliche – kulturelle – Grenzziehungen zwischen migrantischer und nicht-migrantischer Bevölkerung vorgenommen werden. Der migrantischen Gruppe wird dabei eine Identität zugeschrieben, die über das Phänomen deutlich hinausweist und unausweichlich Geschlechter-Ungleichheit bedingt. Kultur scheint dabei unveränderlich und ahistorisch gegeben zu sein. Veränderung kann den Darstellungen nach allenfalls von außen wirken. Die deutsche Debatte hebt sich aber von der niederländischen insofern ab, als Ehrenmorde hier nicht durchgehend über Religion erklärt werden. Solche Deutungen kommen zwar

---

62 Vgl. ebd., S. 166, f.
63 Vgl. ebd., S. 168, f.
64 Vgl. ebd., S. 198

vor, wechseln sich aber mit Herleitungen über den ethnisch-nationalen Hintergrund der jeweiligen Personen ab. Die Differenzkonstruktionen funktionieren hierbei also weitgehend über Kultur, aber nicht zwangsläufig auch über Religion.[65]

2.8 Zusammenfassung

Das Thema Zuwanderung ist erheblich von ökonomischen Maßgaben (Interessen der Wirtschaft und Arbeitsmarktlage) bestimmt. Im Rahmen dieser Maßgaben kann Zuwanderung sowohl positiv als auch negativ gewertet werden. Über Zugewanderte allerdings wird eher im Rahmen kultureller Differenz und von Sicherheitsaspekten gesprochen. Im Kontext der Sicherheitspolitik können Zugewanderte als eine eigene Risikogruppe dargestellt werden, was sie entsprechend von der Mehrheitsgesellschaft abhebt. Dabei können bzw. müssen im Extremfall des Ausweisungsdiskurses auch kriminelle Tendenzen als Symptome kultureller Differenz bewertet werden. Die Kultur der Zugewanderten verweist dabei zugleich auf die Kultur der Mehrheitsgesellschaft und verhandelt dabei ein national-identitäres Kriterium. Die kulturelle Differenz der Zugewanderten bildet vorwiegend als negativ bewertete Merkmale dieser Gruppe ab und legitimiert damit entsprechenden Anpassungsdruck. Sichtbar wird die kulturelle Differenz maßgeblich im Rahmen eines anderen, patriarchaleren Geschlechterverhältnisses als dem der Mehrheitsgesellschaft. Es zeigt sich, dass Islam und Orient als homogenisierende Beschreibungskategorien für Zugewanderte zunächst allenfalls eine untergeordnete Rolle spielen und erst relevanter werden, sobald die Zugewanderten auch als aus islamisch geprägten Ländern stammend gedacht werden. Das Auftauchen des Islam im Diskurs über Zuwanderung verändert das Bild der Zugewanderten offenbar nicht grundsätzlich. Allerdings kann dem Islam, etwa im Falle des Terrorismus, auch eigenständiges Bedrohungspotential attestiert werden. Genauso kann er – muss allerdings nicht – (wie im Falle des Ausweisungsdiskurses oder der Berichterstattung zu Ehrenmorden) als ein kultureller Differenz ursächliches oder mit dieser zusammenhängendes Kriterium dargestellt werden.

---

65 Anna Korteweg/ Gökce Yurdakul, *Islam, gender, and immigrant integration: Boundary drawing in discourses on honour killing in the Netherlands and Germany*, in: Ethnic and Racial Studies 32 (2/2009), S. 218-238

3   Betrachtungen zum Islamdiskurs

3.1   Der Islam als Diskursfeld

Dirk Halm untersucht den Islam, einen Ansatz von Werner Schiffauer folgend, als Diskursfeld, innerhalb dessen Islam konstruiert wird, indem die Beteiligten um Deutungsmacht über Islam gegenüber anderen Positionen ringen. Durch die gegenseitigen Abgrenzungen, die Machtinteressen folgen, modifiziert sich der Diskurs beständig. Zentrale Kriterien für den deutschen Islamdiskurs bilden für Halm die Einbindung des Islam in den Integrationsdiskurs sowie der christlich-islamische Dialog. Entsprechend wurden für das Forschungsdesign Interviews mit Gruppen von Akteur_innen geführt, die entweder islamischen Verbänden angehören, eine christliche Dialogposition oder Politik bzw. Verwaltung der „Aufnahmegesellschaft"[66] vertreten. Die Befragten sollten dabei ihre Einschätzungen über Akteur_innen, Strategien und Islamverständnisse innerhalb ihres jeweiligen Bereichs abgeben.[67]

Demnach sind, was den interreligiösen Dialog auf christlicher Seite betrifft, die Dialogbemühungen auf Gemeindeebene eher schwach ausgeprägt. Zudem werden hier vor allem gesellschaftspolitische Themen behandelt. Infolgedessen kann sich ein stark medial beeinflusstes und vorwiegend von der Auslandsberichterstattung geprägtes, negatives Islambild als relevant für die christlichen Positionierungen erweisen. Die muslimische Seite gerät infolgedessen unter starken Legitimationsdruck. Äußerst wirkmächtig ist hierbei ein Spezialdiskurs zur Religionsfreiheit. Eingeschränkte christliche Religionsfreiheit in islamisch geprägten Staaten dient als Begründung, die Option einer gleichberechtigten Stellung des Islam in Deutschland zu verneinen. Weniger konfrontativ findet der Dialog auf der Ebene der Gremien statt. Dabei können auch hier Einflussfaktoren – von der regionalen Ebene als auch von der Kirchenleitung bedingt – konfrontatives Potential entfalten. Insbesondere die Leitung der evangelischen Kirche strebt nach Abgrenzung und sucht sich dabei (auch) durch Kritik am Islam zu profilieren. Allgemein schwach ausgeprägt sind etwa Versuche, sich gemeinsam mit der islamischen Seite bezüglich allgemein-religiöser

---

66   Halm benutzt diesen Begriff auf der Metaebene und setzt damit implizit den Islam im Immigrationskontext fest.

67   Vgl. Dirk Halm, *Der Islam als Diskursfeld: Bilder des Islam in Deutschland*, 2. Aufl. (Wiesbaden: VS Verlag für Sozialwissenschaften, 2008), S. 19, 41-43

Belange wie dem konfessionellen Religionsunterricht zu solidarisieren.[68]
Vor allem im politisch-behördlichen Bereich hat sich der Islam zu einer zentralen Kategorie der Integrationspolitik entwickelt, was auf Bundesebene wesentlich mit Sicherheitserwägungen im Kontext der Terrorismusbekämpfung zu tun hat, auf Länderebene eher mit bildungspolitischen Fragen wie dem islamischen Religionsunterricht. Allgemein anerkannt steht die Maßgabe einer „volle[n] gesellschaftspolitische[n] Integration des Islam", die allerdings teilweise unterschiedlich aufgefasst wird. Von islamischer Seite wird dafür durchgängig Säkularismus eingefordert. Zusätzlich geht es um Forderungen nach Geschlechter-Gleichberechtigung und interner demokratischer Strukturiertheit, aber auch um den genannten Spezialdiskurs zur Religionsfreiheit. Folglich wird Islam zumeist in säkularen Islam und Islamismus unterschieden. Ein alternativer Diskurs unterteilt dagegen nach organisierten und nicht organisierten Muslim_innen. Daran kann bemessen werden, wie eine (geforderte) einheitliche Vertretungsinstanz auf islamischer Seite aussehen sollte. Sie würde Organisationen, die als nicht dezidiert säkular gelten, aus- bzw. viele nicht organisierte Muslim_innen einschließen.[69]
Die Diskurswirkung der traditionellen islamischen Organisationen ist infolge der organisatorischen Probleme wie auch unklarer Interessenlagen als „äußerst gering" einzuschätzen. Auch alternative Organisationen und muslimische Einzelpersonen werden von einer breiteren Öffentlichkeit selten wahrgenommen. Diskurse, die sich in der Aufnahmegesellschaft etablieren, werden von islamischen Akteur_innen folglich vielfach unmodifiziert adaptiert, während eigene diskursive Impulse nur taktisch bzw. reaktiv erfolgen (können). Hierunter fällt der Versuch, die Thematisierung allgemein-gesellschaftlicher Islamophobie als Gegendiskurs zu etablieren.[70]
Ähnlich wie Halm spricht auch Schiffauer von einer „diskursiven Assimilation" islamischer Positionen. Für ihn müssen sich islamische Organisationen auf die in der deutschen Gesellschaft vorherrschenden diskursiven Formationen (z.B. auch der Ökologie) einlassen bzw. sich in einem entsprechenden Rahmen artikulieren, um sich im Diskurs überhaupt Geltung verschaffen zu können. Zumindest auf Dauer gesehen müsste demnach auch eine zunächst nur taktische diskursive Assimilation zu einer Angleichung der 'realen' Positionen führen.[71]

---

68 Vgl. ebd., S. 102-104
69 Vgl. ebd., S. 105-109
70 Vgl. ebd., S. 110, f.
71 Vgl. Werner Schiffauer, *Migration und kulturelle Differenz: Studie für das Büro der Ausländer-*

3.2   Kopplung mit Migration – Ausschluss des Politischen

Petra Klug untersucht die Debatten des deutschen Bundestages der Jahre 2000 bis einschließlich 2006, in denen über Islam gesprochen wird. Dabei spürt sie vor allem den verschiedenartigen, dabei vertretenen Gruppenkonstruktionen nach, die sich je nach Kontext, innerhalb dessen über Islam gesprochen wird, unterscheiden. Sie stellt dabei fest, dass in den Debatten eine Diskursverschränkung zwischen Islam und Immigration existiert. Das gilt sowohl für ihre quantitative wie auch ihre qualitative Analyse. Abgesehen von einer Ausnahme findet Islam in Verbindung Integration/Migration jedoch erst in den Debatten nach dem 11. September Erwähnung und dann mit deutlich zunehmender Häufigkeit. Dazu findet Klug ihre These überwiegend bestätigt, nach der ablehnende Haltungen gegenüber Muslim_innen dann besonders stark sind, wenn diese mit Immigration assoziiert werden, weniger dagegen, wo sie als 'nur' religiöse Gruppe beschrieben werden.[72]

Während Muslim_innen einerseits fast durchgängig als Ausländer_innen dargestellt werden, wird diese ethnisch bestimmte Fremdgruppe zugleich mit kulturalistischen Zuschreibungen beladen und so wiederum auch mit Islam in Verbindung gebracht. Immigration von Muslim_innen nach Deutschland wird in einigen Fällen diskursiv mit Bedrohung assoziiert bzw. der national-kulturell und ethnisch bestimmten Wir-Gruppe pauschal Angst vor der Fremdheit der Anderen sowie vor dem Verlust ihrer (deutschen) Identität unterstellt. In anderen Fällen werden muslimische Immigrant_innen als Teil der bundesdeutschen Gesellschaft vorgestellt, mit denen eine grundsätzliche Übereinkunft gesucht werden soll, womit aber weitreichende Forderungen und Erwartungen an die Muslim_innen verbunden sind. Dabei dient die deutsche Rechtslage als unhinterfragter Fixpunkt der Argumentationen. Teilweise wird die Pluralität als entscheidendes Beschreibungskriterium für den muslimischen Bevölkerungsteil behauptet und damit essentialisierende Perspektiven abgewehrt. Die Pluralität kann allerdings zugleich als Kooperationsproblem betrachtet werden.[73]

Im Kontext von Integrationsdebatten unterscheiden sich die Gruppenkonstruktionen wesentlich entlang von Fraktionsgrenzen. Von Unionsseite wird ein fundamentaler

---

beauftragten des Senats von Berlin (Berlin: Ausländerbeauftragte des Senats, 2003), S. 71

72   Vgl. Petra Klug, *Feindbild Islam?: Der Diskurs über Muslime in Bundestagsdebatten vor und nach dem 11. September* (Marburg: Tectum, 2010), S. 90; 157, 158

73   Vgl. ebd., S. 101-103; 113, 114

Kulturgegensatz zwischen muslimischen Migrant_innen und nicht-muslimischer Wir-Gruppe behauptet, kombiniert mit Forderungen nach einer Assimilation der Fremdgruppe. Wo aber der Islam als Religion im Vordergrund steht, werden vornehmlich Gemeinsamkeiten behauptet und Kooperation befürwortet. Seitens der anderen Fraktionen werden zwar ebenfalls Differenzen angenommen. Diese beziehen sich aber wesentlich auf Haltungen gegenüber dem Grundgesetz und werden prinzipiell als überwindbar eingestuft. Unüberwindbare kulturelle Gegensätze werden in einer solchen Argumentationsstruktur teils sogar explizit ausgeschlossen.[74]

Auch wenn über Islam in Zusammenhang mit Terrorismus debattiert wird, wird der Islam bzw. die Muslim_innen vorwiegend als Kooperationspartner_innen oder gar Verbündete bestimmt. Die Muslim_innen sind damit kein Bestandteil der Wir-Gruppe. Die Bezugnahme auf den Islam ist damit aber zumindest keine negative. In Zusammenhang mit Terrorismus erfolgt die Diskussion nach dem Muster „Zivilisation gegen Barbarei", wobei die Zivilisation (als politisch bestimmte Wir-Gruppe) mit dem Islam (als religiös bestimmte Fremdgruppe) einen Schulterschluss gegen den Islamismus (als faktisch gemeinsamen Feind) wagen soll. Zuwanderung wird in diesem Kontext als Bedrohung der inneren Sicherheit eingestuft. Das geschieht in Zusammenhang mit der Behauptung, dass sich unter den Immigrant_innen auch Extremist_innen befinden.[75]

So kann Klug zusammenfassend feststellen, dass gegenüber dem Islam in den Bundestagsdebatten, wo er 'nur' als Religion auftritt, „tatsächlich überwiegend Achtung und Respekt [...] zum Ausdruck kommen." Darüber hinaus kommt es aber zu einer definitorischen Abspaltung von Religion und Politik (insbesondere politischer Gewalt):

> „Vehikel und Konsequenz dieser Vereinseitigung ist die Etablierung eines verkürzten Begriffs von Religion, der Religion [...] mittels einer letztlich theologischen Projektion von der Gewalt entkoppelt. Im politischen Diskurs wird die religiöse Motivation der Terroristen und damit auch eine Absolutheit beanspruchende Dimension von Religion geradezu mit einem Tabu belegt."[76]

Mit dieser Vereinseitigung wird ein nicht mehr diskutierbares „Dissoziazionsgebot zwischen dem Terror und dem Islam" etabliert, welches Teil der nach dem 11. September im parlamentarischen Diskurs ausgehandelten sprachlichen Konventionen

---

74 Vgl. ebd., S. 126, 127
75 Vgl. ebd., S. 126, 127; 150-154
76 Ebd., S. 155

ist. Islam wird in den parlamentarischen Debatten also zu einer per se friedfertigen und apolitischen Religion essentialisiert. Sich auf die Religion beziehenden Terrorist_innen oder auch Politiker_innen wird ein Missbrauch der Religion unterstellt. Selbst Wechselwirkungen zwischen Religion und Politik werden prinzipiell ausgeschlossen.[77] Politischen Nutzen erzeugt eine solche Konstellation laut Klug durch ihre konfliktentschärfende Wirkung. Außerdem könnte die Entkopplung sowie die damit einhergehende die Darstellung des islamistischen Terrorismus als „kontextloses Böses" eine bessere Berechenbarkeit und somit Kontrollierbarkeit des Phänomens suggerieren.[78]

Die Konsequenzen dieser Analyse Klugs scheinen weitreichend und muten teilweise absurd an: Unter anderem die nominelle Vertretung eines politischen Christentums in Deutschland (CDU/CSU) hält den politischen Islam für einen Missbrauch der Religion. Im Folgenden soll daher noch eine mögliche andere Lesart in Betracht gezogen werden. Die von Klug beschriebene Entkopplung von Islam und Politik sowie deren bewusste, immer wieder replizierte Betonung verweisen gerade auf ebendiesen problematischen Zusammenhang. Inwiefern die Entkontextualisierung von Terrorismus (und nicht etwa dessen Einordnung als religiös bedingtes Phänomen) dessen Berechenbarkeit suggerieren soll oder kann, erscheint zumal äußerst fragwürdig. Als repräsentative Passage für die Thematisierung von Zuwanderung in Zusammenhang mit Islam und politischem Extremismus zitiert Klug Wolfgang Bosbach wie folgt:

> „Wir haben keinen Mangel an Zuwanderung, sondern einen deutlich erkennbaren Mangel an Integration und ein nicht ausgewogenes Verhältnis von Zuwanderung aus humanitären Gründen einerseits und aus wohlverstandenem eigenen staatlichen Interesse andererseits. Wir haben auch heute mehrfach von dieser Stelle aus gehört – für uns als Union ist das eine Selbstverständlichkeit – dass wir niemanden unter Generalverdacht stellen dürfen. In Deutschland leben 3,5 Millionen Muslime. Der allergrößte Teil von ihnen ist rechtstreu, weder extremistisch noch gewalttätig und lehnt den Terrorismus als Mittel der Politik ebenso ab wie wir. Aber wir müssen zur Kenntnis nehmen, dass es darunter auch Menschen gibt, die unter dem Deckmantel der Humanität oder der Religionsfreiheit extremistischen oder terroristischen Bestrebungen Vorschub leisten. Rund 32 000 von ihnen gelten als extremistisch und gewaltbereit. Daher muss man offen reden können, ohne der Ausländer-feindlichkeit bezichtigt zu werden."[79]

---

77 Vgl. Ebd., S. 158
78 Vgl. Ebd., S. 159, 160
79 Wolfgang Bosbach, zitiert nach ebd., S. 152

Bosbach argumentiert im Kontext terroristischer Bedrohung für weniger Zuwanderung. In der zitierten Passage liegt keine kohärente Konstruktion von Eigen- und Fremdgruppe vor.[80] Es erfolgt jedoch eine Gegenüberstellung zwischen den in Deutschland lebenden Muslim_innen und der nicht näher bestimmten Wir-Gruppe. Dabei erfolgt ein doppelter Analogieschluss erstens von den in Deutschland lebenden Muslim_innen auf jene Muslim_innen, die nach Deutschland migrieren (könnten) und zweitens auf die Zuwanderungsfrage allgemein. Es erfolgt keine eigentliche Abkopplung von Religion und Politik bzw. Islam und Islamismus, sondern die Setzung eines binären Schemas innerhalb der Gruppe der Muslim_innen. Jene „32 000 von ihnen", die als „extremistisch und gewaltbereit" gelten, sind eine – wenn auch vom Rest grundsätzlich zu unterscheidende – Teilmenge der Muslim_innen in Deutschland. Die Neigung zu Terrorismus und die Gewaltbereitschaft wird damit auch nur innerhalb dieser Gruppe ausgemacht, nicht etwa auch innerhalb der nicht-muslimischen deutschen Bevölkerung. Letztere wird von diesem Verdacht (wahrscheinlich[81]) sogar freigesprochen, indem sie mit der Hauptgruppe der friedlichen und nicht-extremistischen Muslim_innen assoziiert wird („wie wir"). Hier schlägt die Kopplung von Islam mit Extremismus und politischer Gewalt über den Umweg der Ethnisierung dieser Phänomene wieder zurück. Die angestellte Unterscheidung zwischen der Mehrheit und der Minderheit der Muslim_innen dient als Rechtfertigung, den Vorwurf der „Ausländerfeindlichkeit" zurückweisen zu können. Das Kernargument verknüpft dagegen Extremismus mit Islam und Islam wiederum mit Ethnizität (schließlich Migration).

Die Entkopplung von Islam und Politik könnte letztlich auch bereits daran scheitern, dass diese etwa auf der medialen Ebene stark aufeinander verweisen, folgt man den Analysen von Kai Hafez.

3.3   Selektive Wahrnehmung und Politisierung im medialen Diskurs

Der Kommunikationswissenschaftler Hafez hat eine ausführliche Untersuchung des Islambildes in der Auslandsberichterstattung der deutschen Medien angestellt. Er stellt dabei fest, dass Islam erst in Zusammenhang mit der Iranischen Revolution

---

80 Das „wir" bezieht sich zunächst einmal auf den deutschen Staat oder im weitesten Sinne die deutsche Bevölkerung, danach einmal nur auf die Unionsparteien.
81 Dieses „wir" könnte freilich auch nur etwa auf die Unionsparteien oder die Mitglieder des Bundestages bezogen werden.

1979 und der damit verbundenen neuen Relevanz des politischen Islam großflächig thematisiert wird. Damit einhergehend etablieren sich in der Medienlandschaft diskursive Mikrostrukturen, die auch in der Folgezeit, wenngleich modifiziert, prinzipiell beibehalten werden. Dazu gehören die weit verbreitete Annahme einer untrennbaren Verbindung von Islam und Politik, während der politische Islam wiederum vielfach mit Fundamentalismus und dieser mit Extremismus und Terrorismus gleichgesetzt wird. In Phasen einer starken Politisierung des Islambildes kann dieses den Charakter eines anti-westlichen Feindbildes annehmen, welches trotz einiger Unterschiede vergleichbar mit der damaligen Rolle der Sowjetunion ist.[82]

Die Politisierung des Islambildes im Zuge der iranischen Revolution kommt einerseits durch eine Fokussierung der Berichterstattung auf den Islamismus zustande. Nicht spezifisch politische Phänomene des Islam finden in der Berichterstattung vergleichsweise wenig Beachtung. Zugleich werden aber auch solche Phänomene oft als politische Ausdrucksformen interpretiert, während politische Ereignisse (insbesondere wenn Gewalt im Spiel ist) vielfach religiös gedeutet werden. Der Islamismus wird als grundsätzlich anti-moderne Ideologie charakterisiert, die sich gegen Demokratie, Menschenrechte oder die Emanzipation wendet. Islamist_innen erscheinen als irrationale und fanatische Massen. Islamismus wird sogar als reale Bedrohung des Westens dargestellt, was mit der Unterstellung einer enormen Handlungsmacht sowie einer expansiven Handlungsabsicht einhergeht. Ferner wird eine Geschlossenheit von Staatsvolk und islamistischer Regierung angenommen, was etwa im Falle der Sowjetunion nicht passierte.[83]

Es erfolgen in den medialen Darstellungen allerdings nicht nur inhaltliche Verallgemeinerungen, sondern auch thematische Kopplungen, die quantitativ hochgradig relevant sind. So thematisiert die deutsche überregionale Presse Islam überaus häufig in Zusammenhang mit gewaltförmigen (knapp die Hälfte der Beiträge[84]) und gewaltlosen Konflikten (über zehn Prozent).[85]

Eine Untersuchung der allgemeinen Islam-Berichterstattung der Sender ARD und

---

82 Vgl. Kai Hafez, *Mediengesellschaft – Wissensgesellschaft?: Gesellschaftliche Entstehungsbedingungen des Islambildes deutscher Medien* in Torsten G. Schneiders (Hg.): *Islamfeindlichkeit: Wenn die Grenzen der Kritik verschwimmen* (Wiesbaden: VS Verlag für Sozialwissenschaften, 2009), S.102, 106
83 Vgl. Kai Hafez, *Das Nahost- und Islambild der deutschen überregionalen Presse*, Die politische Dimension der Auslandsberichterstattung, Bd. 2 (Baden-Baden: Nomos, 2002), S. 225, ff.
84 Die Zahlen beziehen sich auf die Berichterstattung über Nordafrika sowie den Nahen und Mittleren Osten für einen Untersuchungszeitraum zwischen den 1940er und 1990er Jahren.
85 Vgl. ebd., S. 92 ff.; Vgl. Hafez, *Mediengesellschaft*, S.104

ZDF für die Jahre 2005 und 2006 weist zudem auf eine Verstärkung des Trends der selektiven Wahrnehmung hin. Im Untersuchungszeitraum stehen 81% der Berichte über Islam im Kontext negativ konnotierter Themen. Dazu zählen in erster Linie Terrorismus/Extremismus, Internationale Konflikte, Integrationsprobleme sowie religiöse Intoleranz. Auch hier kann eine „'Islamisierung' politischer Sachverhalte" festgestellt werden. Dies ist insbesondere insofern bedenklich, da gerade diese Sender für sich Vorbildcharakter beanspruchen, was ihre Berichterstattung im Kontext kultureller Pluralität betrifft.[86]

Die Wahrnehmung des Islam in der Berichterstattung ist nicht nur selektiv, insofern sie spezifische Phänomene fokussiert und andere nur am Rande wahrnimmt, sondern darüber nimmt diese darüber hinaus in Form eines „Pars-Pro-Toto-Denkens" als das Ganze (des Islam) an. Dazu kommt ein „Worst-Case-Denken", welches die Richtung des Selektionsprozesses auf jene Bezugspunkte lenkt, die entweder als negativ oder gefährlich erscheinen. Während Konstruktionsprinzipien, die Islam und Westen als gegensätzlich positionieren eine längerfristige Konstanz aufweisen, tritt „Worst-Case-Denken" allerdings eher kurzfristig in Erscheinung.[87]

Auch ist die Politisierung des medialen Islambildes nicht konstant, sondern im Zeitverlauf unterschiedlich stark ausgeprägt. Dazu lassen sich auch bei hoher Politisierung Strömungsunterschiede zwischen verschieden politisch positionierten Medien feststellen, wodurch auch differenzierende Darstellungen Geltung erlangen können. Nur bleibt deren Reichweite und Langzeitwirkung relativ beschränkt. Außerdem bleiben direkte Attribuierungen von Islam mit Gewalt weitgehend aus. Durch die Struktur der Berichterstattung werden sie gleichwohl erzeugt. In der Formierung des Islamismus als anti-westliche und aggressive Ideologie wird zudem „Huntingtons Kulturenkampf kommunikativ konstruiert".[88]

Die Auslandsberichterstattung affektiert auch die innenpolitische Diskussionslage, wie Hafez exemplarisch anhand der Rezeption von Chomeinis Fatwa gegen den Schriftsteller Salman Rushdie erläutert. Hier formierte sich innerhalb der deutschen Presselandschaft sowie weit darüber hinaus eine weltanschaulich breite Solidaritäts-Bewegung zur Verteidigung individueller Grundrechte (Rushdies). Im Kontext diesbezüglicher Berichterstattung entwickelte sich zugleich eine (Re-) Thematisierung von Multikulturalismus, die weitgehend in eine kritische

---

86 Vgl. Kai Hafez/ Carola Richter, *Das Islambild von ARD und ZDF* in: Aus Politik und Zeitgeschichte 54 (26-27/2007), S. 40-46
87 Vgl. Hafez, *Auslandsberichterstattung*, S. 231 ff.
88 Vgl. Hafez *Mediengesellschaft*, S. 104-106

Distanzierung von diesem Begriff mündete. Die Unvereinbarkeit von Islam mit Menschenrechten hielt sich als konstanter Rahmen der Debatte und wurde auch von politisch linken Medien, die bei der thematischen Verknüpfung zum Multikulturalismus zurückhaltend blieben, kaum angegriffen. Ein kulturalistisch-homogenes Islambild wurde somit für Aus- und Inland hergestellt und in abstrakter Form auf in Deutschland lebende Muslim_innen übertragen ohne dass deren 'reale' Haltungen zum Thema überhaupt ins Blickfeld rückten.[89]

Auf die Relevanz medialer Berichterstattung für Islambilder in der deutschen Bevölkerung verweist eine experimentelle (geringe quantitative Basis) Rezeptionsanalyse, die die Verbreitung negativ-stereotypisierender Urteile weitgehend auf den massenmedialen Einfluss zurückführen kann.[90] Mehr als ein Hinweis ist das zunächst aber noch nicht. So erscheint es sinnvoll, die vorgestellten diskurs- bzw. medienanalytischen Studien auch in Zusammenhang mit Ergebnissen quantitativer Sozialforschung zu lesen.

3.4 *Deutsche Zustände* **– Quantitative Befunde**

Die unter der Leitung von Wilhelm Heitmeyer erstellte Langzeitstudie *Deutsche Zustände* entspricht der sicherlich umfangreichsten und vielschichtigsten Untersuchung von Einstellungen der deutschen Bevölkerung gegenüber dem Islam. Sie kann über die qualitative Struktur solcher Einstellungen hinaus auch Hinweise auf deren Verbreitung geben.

Gegenstand der Studie ist gruppenbezogene[91] Menschenfeindlichkeit (GMF) im bundesdeutschen Kontext. Diese hat im Wesentlichen drei Facetten. Zunächst geht es um die Betonung des Unterschieds zwischen dem „Eigenem" und dem „Fremden" in Form von Gruppenkonstruktionen bis hin zur Aufwertung der Eigen- und Abwertung der Fremdgruppe. Wichtig ist dabei aber vor allem die Absolut-Setzung dieses Unterschieds. Weiter spielt die Unterordnung von Menschen unter Nützlichkeitserwägungen eine bedeutende Rolle, infolge derer etwa Ausländer_innen in nützliche und entbehrliche unterschieden, letztlich entmenschlicht wahrgenommen werden

89 Vgl. Hafez *Auslandsberichterstattung*, S. 262-265
90 Vgl. Karl-Peter Gietz/ Claudia Haydt/ Natalie Kuczera, *Das Bild des Islam auf der Straße: Versuch einer Rezeptionsanalyse* in: Medienprojekt Tübinger Religionswissenschaft (Hg.): *Der Islam in den Medien*, Studien zum Verstehen fremder Religionen Bd.7 (Gütersloh: Gütersloher Verlagshaus, 1994), S. 170-183
91 Interindividuelle Phänomene werden prinzipiell ausgeschlossen.

können. Drittens geht es um die praktischen Konsequenzen von derlei Einstellungen gegenüber den jeweiligen Fremdgruppen, damit die Umsetzung der eigenen Machtposition in Form etwa der Aufrichtung von Drohkulissen. In jedem Fall, so eine Grundannahme, dient die Erzeugung von „Ideologien der Ungleichwertigkeit" letztlich der Legitimation psychischer wie physischer Gewalt. Besonders problematisch sind diese Ideologien, wenn sie auf politischer Ebene konzeptualisiert werden können oder sich auf Dauer einstellen und dann schon durch ihre Selbstverständlichkeit wirkmächtig werden.[92]

Die Studie unterscheidet sechs Varianten gruppenbezogener Menschenfeindlichkeit, nämlich Rassismus[93], Fremdenfeindlichkeit[94], Antisemitismus, Heterophobie[95] (hierunter fällt die Islamophobie[96]), Etabliertenvorrechte[97] und Sexismus. Dabei wird angenommen, dass die verschiedenen Varianten keine in sich abgeschlossenen Formationen bilden sondern im zeitgeschichtlichem Verlauf verschieden wirkmächtig sind und zudem spezifische, wechselseitige Verbindungen eingehen.[98]

Die Korrelationsvorannahme wird vom Ergebnis der Studie bestätigt. Islamophobie nimmt allerdings insofern eine Sonderrolle ein, als sie verhältnismäßig schwach mit den anderen Varianten von GMF korreliert, wohingegen etwa die Phänomene Rassismus, Fremdenfeindlichkeit und Etabliertenvorrechte jeweils verhältnismäßig starke Bezüge zueinander aufweisen. In Bezug auf eine diskursive Kopplung zwischen Islam und Migration (damit auch Kultur) ist diese relative Kontextlosigkeit auffällig. Auch hätte durch die besondere Rolle (pro-) feministisch ausgerichteter Islamkritik eine Einordnung der Islamophobie als eher frauenspezifisches Phänomen naheliegen können. Jedoch attestiert die erste Untersuchung signifikant eher Männern Islamophobie als Frauen.[99]

---

92 Vgl. Wilhelm Heitmeyer, *Gruppenbezogene Menschenfeindlichkeit: Die theoretische Konzeption und erste empirische Ergebnisse* in Wilhelm Heitmeyer (Hg.): *Deutsche Zustände* Bd. 1, (Frankfurt a. M.: Suhrkamp, 2002) S. 17-19

93 Ungleichwertigkeit wird aufgrund von natürlichen bzw. scheinbar natürlichen Merkmalen unterstellt.

94 Kulturelle Unterschiede werden angenommen. Auch Konkurrenz um Ressourcen spielt dabei eine Rolle.

95 Gruppen, die von bestimmten Normvorstellungen z.B. durch körperliche Merkmale, Sexualität oder auch eine bestimmte Religion abweichen, werden abgewertet. So definiert richtet sich diese Form der GMF auch gegen Muslim_innen.

96 Im ersten Band wird noch der Begriff Islamphobie in diesem Kontext verwendet. Der Lesbarkeit halber wird hier generell Islamophobie geschrieben.

97 Raum-zeitliche Kriterien werden in Stellung gebracht, um je Bevorzugung oder Benachteiligung bestimmter Gruppen zu legitimieren. Dies bezieht sich z.B. auch auf die Stellung von Einheimischen gegenüber Immigrant_innen.

98 Vgl. ebd. S. 20, 21

99 Vgl. ebd. S. 22-27

Bereits in der zweiten Untersuchung ist das nicht mehr der Fall. Hier wurden allerdings auch neue Items zur Messung der Islamphobie eingeführt, die, wie Petra Klug zu Bedenken gibt, einen Zusammenhang zwischen Islam und Ethnizität bereits implizieren.[100] Dies gilt vor allem für das neue Item: „Muslimen sollte die Zuwanderung nach Deutschland untersagt werden". Als Ergebnis festzuhalten, dass Fremdenfeindlichkeit und Islamphobie nun „beinahe untrennbar auftreten", scheint daher problematisch. Wenn sich in der zweiten Untersuchung kein signifikanter Zusammenhang zwischen Islamophobie und Männlichkeit mehr ergibt, könnte das auch an der Assoziation mit Zuwanderung durch das Item liegen. Denn nach den Untersuchungen neigen Frauen auch signifikant eher zu Fremdenfeindlichkeit und Rassismus als Männer. Männer dagegen neigen signifikant eher zu Heterophobie.[101]

Auch die weiteren GMF-Surveys legen nahe, dass Frauen tendenziell zu anderen Formen gruppenbezogener Menschenfeindlichkeit neigen als Männer. Dies hängt, wie die GMF-Survey 2004 nahelegt, stark mit geschlechtsspezifischen Ängsten, Lebensrealitäten sowie spezifischen Deprivations- wie Exklusionserfahrungen zusammen, weniger mit negativen Erfahrungen mit Angehörigen der Fremdgruppen. Islamophobie könnte dabei einen Sonderfall darstellen, da sie 2002 noch signifikant häufiger bei Männern, 2004 aber bereits signifikant häufiger bei Frauen festgestellt wird.[102]

Bei der GMF-Survey 2003 werden verschiedene Aspekte der Islamophobie von Leibold und Kühnel getrennt untersucht. Sie unterscheiden zwischen den Faktoren „generelle Ablehnung von Muslimen in Deutschland", „kulturelle Abwertung" und „distanzierende Verhaltensabsicht", finden dabei aber sowohl generell als auch die einzelnen Aspekte betreffend, keine starken geschlechtsspezifischen Unterschiede. Dagegen scheinen der (formelle) Bildungsgrad sowie die Verortung in einem politik-ideologischen Links-Rechts-Schema eine wichtige Rolle zu spielen. Wer sich eher rechts einordnet und/oder einen niedrigeren Bildungsabschluss hat, neigt stärker zu Islamphobie.[103]

---

100 Vgl. Petra Klug, *Feindbild*, S. 22
101 Vgl. Wilhelm Heitmeyer, *erste empirische Ergebnisse*, S. 24;
    Vgl. Wilhelm Heitmeyer, *Gruppenbezogene Menschenfeindlichkeit: Die theoretische Konzeption und empirische Ergebnisse* in Wilhelm Heitmeyer (Hg.): *Deutsche Zustände* Bd. 2 (Frankfurt a. M.: Suhrkamp, 2003), S. 18-25
102 Vgl. Beate Küpper/ Wilhelm Heitmeyer, *Feindselige Frauen: Zwischen Angst, Zugehörigkeit und Durchsetzungsideologie* in Wilhelm Heitmeyer (Hg.): *Deutsche Zustände* Bd. 3 (Frankfurt a. M.: Suhrkamp,2005), S. 109-123
103 Vgl. Jürgen Leibold/ Steffen Kühnel, *Islamphobie: Sensible Aufmerksamkeit für spannungsreiche Anzeichen* in Wilhelm Heitmeyer (Hg.): *Deutsche Zustände* Bd. 2 (Frankfurt

Es bleibt dabei aber festzuhalten, dass Islam in den hier verwendeten Items stets gekoppelt an verschiedenartige Implikationen mit sich bringende Bezüge (Ethnizität, Kultur, Wohnort ect.) auftritt. Das Item „Die muslimische Kultur passt durchaus in unsere westliche Welt" etwa suggeriert bereits eine prinzipielle Verschiedenartigkeit von „muslimische[r] Kultur" und „westliche[r] Welt", die lediglich die Frage nach der relativen Kompatibilität der beiden offen lässt. Es wird zudem ein starker Zusammenhang zwischen Religion und Kultur impliziert, wobei Kultur der Religion untergeordnet scheint. Darüber hinaus wird die Existenz *einer* muslimischen Kultur behauptet. Assoziationen mit religiösen Praxen tauchen in den Items dagegen z.B. nicht auf.

Auf einen empirischen Zusammenhang zwischen der Identifikation mit einer Gruppe und der Abwertung von Fremdgruppen verweist die Analyse von Heyder und Schmidt. Ausgangspunkt ist hier die Annahme, dass auf eine Nation bezogene Identitäten noch nicht per se mit der Abwertung anderer Nationalitäten sowie von Minderheiten innerhalb der eigenen Nation einhergehen müssen. So wird von den Autoren eine Unterscheidung zwischen einem Nationalismus, der durch unkritisch und bedingungslos positive Wertung der eigenen Nation charakterisiert ist und einem „konstruktiven Patriotismus", angenommen. Letzterer vermag Pluralität innerhalb der eigenen Nation zu akzeptieren und idealisiert die Nation trotz positiver Wertschätzung nicht. Islamophobie korreliert in der Analyse der Ergebnisse deutlich – wie auch Fremdenfeindlichkeit und Antisemitismus – mit Nationalismus, während Patriotismus mit verminderter Ausprägung dieser Phänomene einhergeht.[104]

Noch differenzierter über spezifische Abneigungen der Deutschen gegen den Islam gibt die GMF-Survey 2005 Auskunft. Über 60% der Befragten unterstellen Muslim_innen hiernach tendenziell Sympathien mit islamistischem Terrorismus. Über 70% neigen zu homogenisierenden Sichtweisen auf den Islam bzw. tun sich schwer, verschiedene islamische „Glaubensrichtungen" zu unterscheiden. Starke Vorbehalte gibt es zudem, wenn in den Items Islam in Verbindung mit (islamischer) Kultur gebracht wird. Es sind sowohl über 20% der Befragten, die erstens dazu neigen, Zuwanderung von Muslim_innen nach Deutschland generell abzulehnen, als auch über 20%, die dazu neigen, gezielt Parteien zu wählen, die ebendiese Zuwanderung unterbinden wollen. Neben den Zusammenhängen zwischen politischer Orientierung, Geschlecht und Bildungsabschluss mit Islamphobie schließt die

---

a. M.: Suhrkamp,2003), S. 102-107
104 Vgl. Aribert Heyder/ Peter Schmidt, *Deutscher Stolz: Patriotismus wäre besser* in Wilhelm Heitmeyer (Hg.): *Deutsche Zustände* Bd. 1 (Frankfurt a. M.: Suhrkamp, 2002), S. 71-80

Untersuchung noch auf weitere Relationen. Demnach hängen vermehrte persönliche Erfahrungen mit Muslim_innen statistisch mit differenzierteren Verständnissen von Islam zusammen und diese wiederum mit allgemein schwächer ausgeprägten Abneigungen gegen Islam/Muslim_innen. (Christliche) Religiosität scheint dagegen keine besondere Rolle für die Positionierungen zu spielen. Nur wo zugleich eine Überlegenheit der eigenen Religion anderen gegenüber angenommen wird, erfolgen auch vermehrt Abwertungen und negative Zuschreibungen gegenüber dem Islam. Sehr konträr zu den bis hierhin angenommenen Relationen verhält es sich allerdings, wenn der Faktor Bildung genauer betrachtet wird. Bei höheren Bildungsabschlüssen ist zu beobachten, dass die Bezüge zum Islam positiver und differenzierter werden. Bei den Verhaltensabsichten gegenüber Muslim_innen neigen Gebildetere aber zu mehr Distanzierung. Das gilt etwa bei der Ablehnung von bestimmten Wohngegenden als auch von Schulen für die eigenen Kinder. Wie die Autoren betonen, kann auch dies als Anzeichen dafür gedeutet werden, dass für die Segregationsabsichten noch ganz andere Faktoren relevant sind als 'bloß' die Religion. Muslim_innen könnten als Angehörige einer Unter- bzw. bildungsfernen Schicht, welche dann das eigentliche Objekt der Segregationsintention wäre, eingeordnet werden.[105]

3.5   Zusammenfassung

Betrachtet man mit Halm den Islam als Diskursfeld, muss ein sehr geringes Gestaltungspotential muslimischer Akteur_innen festgestellt werden. Sie können von staatlicher wie von kirchlicher Seite unter hohen Legitimationsdruck geraten und müssen sich selbst nach extern feststehenden Kategorien und Diskurslinien beschreiben, um überhaupt wahrgenommen zu werden. Im politischen wie im medialen Diskurs (zumindest der Auslandsberichterstattung) lässt sich nach Klug und Hafiz feststellen, dass gerade der politische Islam tendenziell eine Feindbildkonstruktion abgibt. Während allerdings im politischen Diskurs versucht wird, die politische Dimension radikal vom Islamdiskurs zu entkoppeln, kommt es in der medialen Darstellung zeitweise zu starken Essenzialisierungstendenzen zu Gunsten der politischen Dimension. Es mag in diesem Kontext nicht verwundern, wenn Halm die Forderung nach Säkularität als Hauptanliegen des Integrationsdiskurses benennt.

---

105 Vgl. Jürgen Leibold/ Steffen Kühnel, *Islamophobie: Differenzierung tut not* in Wilhelm Heitmeyer (Hg.): *Deutsche Zustände* Bd. 4, (Frankfurt a. M.: Suhrkamp, 2006), S. 141-152

Die Ergebnisse der Langzeitstudie *Deutsche Zustände* lassen die ablehnenden Haltungen zum Islam sowohl als eigenständiges Phänomen der Heterophobie als auch als hochgradig kontextbedingt erscheinen. Ablehnende Haltungen gegenüber dem Islam sind in der Bevölkerung weit verbreitet. Es wirkt aber naheliegend, dass dabei vielfach eigentlich generell fremdenfeindliche Haltungen oder Neigungen zu Etabliertenvorrechten zum Ausdruck gebracht werden. Selbst Assoziationen von Islam mit Unterschicht können offenbar handlungsbestimmend sein. Ablehnende Haltungen, die in der deutschen Gesellschaft offenbar mehrheitsfähig sind, treffen den Islam von mindestens zwei durchaus unterscheidbaren Richtungen zugleich. Die unterstellten Sympathien für Terrorismus beziehen sich auf eine politische Dimension der über Religion definierten Gruppe. In ähnlich hohem Maße richten sich die Ablehnungen auch gegen die kulturelle Dimension des Islam bzw. gegen *die* (in den Items z.T. behauptete) islamische Kultur.

IV Empirischer Teil

1 Der Gesprächsleitfaden

1.1 Einleitung

Im bundesdeutschen Migrationsdiskurs werden Differenzlinien zwischen deutscher Mehrheitsbevölkerung und zugewanderter Bevölkerung weitestgehend über kulturelle Gegensätze beschrieben. Besonders im nach 2000 zunehmend bedeutsamen Integrationsdiskurs wird kulturelle Anpassung gefordert und Differenz als Problem bzw. Gefahr artikuliert. Der Islam kommt dabei vorwiegend als Bedingung oder zumindest zentrales Kriterium kultureller Differenz sowie (im Falle des politischen Islam) als direkte Bedrohung in den Blick. Die politische Dimension stellt für den Islamdiskurs – sowie darüber hinaus für den Migrationsdiskurs – ein entscheidendes Kriterium dar. Die kulturellen Affizierungen des Islamdiskurses verweisen wiederum auf die Einbindung in den Migrationsdiskurs, da Islam hier nicht als prinzipiell universelle Religion, sondern als Religion von Zugewanderten innerhalb spezifischer ethnisch-kultureller Kontexte wahrgenommen wird.

Im Sinne des Intertextualitäts-Konzepts nach Norman Fairclough wird im Folgenden versucht, den Baden-Württembergischen Gesprächsleitfaden für Einbürgerungs-gespräche vor allem im Rahmen seiner Entstehungsgeschichte sowie der rechtlichen Grundlagen als Text zu beschreiben, der (unter anderem) bestimmte Aussagen über den Islam enthält. Diese Aussagen werden im Prozess der Parlamentsdebatten von den Abgeordneten aufgegriffen, auf eine breitere, öffentlichkeitswirksame Ebene des Diskurses verlagert und dabei auf unterschiedliche Weise neu kontextualisiert. Prinzipiell stehen alle Aussagen zur Debatte. Sie können repliziert, modifiziert, kritisiert oder gar nicht thematisiert werden. Als ausschlaggebend dafür, was passiert, wird vorwiegend der parlamentarische Rahmen der Debatten sowie das spezifische Verhältnis von bundesdeutschem Islamdiskurs und Migrationsdiskurs angenommen.

1.2   Kontext

1.2.1   Rechtliche Grundlagen

Das Einbürgerungsverfahren erfordert nach Paragraf 10 des deutschen Staatsangehö-
rigkeitsgesetzes, dass auf Antrag nur eingebürgert werden kann, wer (neben anderen
Kriterien):

> „sich zur freiheitlichen demokratischen Grundordnung des Grundgesetzes für die
> Bundesrepublik Deutschland bekennt und erklärt, dass er keine Bestrebungen verfolgt oder
> unterstützt oder verfolgt oder unterstützt hat, die
>
> a) gegen die freiheitliche demokratische Grundordnung, den Bestand oder die Sicherheit
> des Bundes oder eines Landes gerichtet sind oder
> b) eine ungesetzliche Beeinträchtigung der Amtsführung der Verfassungsorgane des Bundes
> oder eines Landes oder ihrer Mitglieder zum Ziele haben oder
> c) durch Anwendung von Gewalt oder darauf gerichtete Vorbereitungshandlungen
> auswärtige Belange der Bundesrepublik Deutschland gefährden,
>
> oder glaubhaft macht, dass er sich von der früheren Verfolgung oder Unterstützung
> derartiger Bestrebungen abgewandt hat."[106]

Begründet werden kann der Leitfaden über den Doppelcharakter dieser Regelung, die
in der Formulierung „bekennt und erklärt" zum Ausdruck gebracht wird: Die
Erklärung, Handlungen zu unterlassen, die gegen den Staat, die Verfassung etc.
gerichtet sind, wird mit einem positiven Bekenntnis zur fdGO verknüpft. In der
Begründung zum Entwurf des Gesetzes zur Reform des Staatsangehörigkeitsrechts
wird von einem „höchstpersönlichen Charakter" dieses Bekenntnisses gesprochen.
Sowohl durch das Bekenntnis als auch durch die Erklärung soll die „innere
Hinwendung zur Bundesrepublik Deutschland dokumentiert" werden.[107]
So gesehen ist das Bekenntnis keine Formalität. Es wird vorausgesetzt, dass der
Inhalt des Bekenntnisses auch die innere Überzeugung der jeweiligen Person
abbildet. Damit wird diese innere Einstellung zugleich zu einem entscheidenden

---

106 Vgl. Staatsangehörigkeitsgesetz in der im Bundesgesetzblatt Teil III, Gliederungsnummer 102-
   1, veröffentlichten bereinigten Fassung, das zuletzt durch Artikel 2 des Gesetzes vom 1. Juni
   2012 (BGBl. I S. 1224) geändert worden ist
107 Vgl. Deutscher Bundestag, *Entwurf eines Gesetzes zur Reform des Staatsangehörigkeitsrechts*,
   Drucksache 15/533, 16.03.1999 <http://dipbt.bundestag.de/dip21/btd/14/005/1400533.asc>

Kriterium juristischer Beurteilung eines Verwaltungsakts. Eine 'falsche' Überzeugung soll dem Prinzip nach zur Vorenthaltung staatsbürgerlicher Rechte führen.

1.2.2 Entstehung und Vorgeschichte

Von Rainer Grell, der im Baden-Württembergischen Innenministerium als Leiter der Abteilung für Staatsangehörigkeitsrecht an der Entwicklung des Gesprächsleitfadens federführend beteiligt war, liegt ein Bericht über die Entstehungsgeschichte dieses Projekts vor. Der bietet einen aufschlussreichen Blick auf die behördlichen Abläufe (welche hier nicht im Detail dargestellt werden können) und die ursprüngliche Zielsetzung des Leitfadens, die der öffentlichen Debatte vorausgehen. Aber auch die ideologischen Hintergründe Grells werden hier deutlich, wenn er etwa davor warnt, „dass sich Deutschland langsam, aber keineswegs unmerklich, zu einer islamischen Gesellschaft, zu einem islamischen Staat wandelt"[108] oder den politischen Islam mit dem Nationalsozialismus vergleicht. Das Islambild, welches von Grell gezeichnet wird, ist auch verallgemeinernd negativ. Er erkennt zwar die Friedfertigkeit und Gesetzestreue der „Mehrheit der bei uns lebenden Muslime" an, interpretiert diese aber im Sinne einer „bewussten Täuschung der Ungläubigen".[109] Wo auch diese nicht festgestellt werden kann, behauptet Grell, „dass Muslime und Europäer eine in bestimmten Punkten völlig unterschiedliche Wahrnehmung besitzen".[110] Letztlich kennt der Islam nach Grell „weder die Gleichberechtigung von Mann und Frau (jedenfalls nicht auf Erden), noch die Religionsfreiheit, noch die Meinungs- und Pressefreiheit" sowie keine Trennung von Religion und Politik.[111]
Als ausschlaggebend für die Entwicklung des Leitfadens beschreibt Grell die uneinheitlichen Praxen der jeweiligen Einbürgerungsbehörden bei der Überprüfung des Bekenntnisses zur fdGO sowie die Einschätzung, dass die bei den Einbürgerungs-verfahren übliche Regelanfrage beim Verfassungsschutz kaum eine ernstzunehmende Hürde darstellt.[112]

---

108 Vgl. Rainer Grell, *Dichtung und Wahrheit: Die Geschichte des 'Muslim-Tests' in Baden-Würt-temberg, 2006*, S. 23 <http://de.scribd.com/doc/20974778/Dichtung-und-Wahrheit-Die-Ge-schichte-des- %E2%80%9EMuslim-Tests%E2%80%9C-in-Baden-Wurttemberg-30-Fragen-die-die-Welt-erregten-nicht-nur-die-islamische> (21.09.2012)
109 Vgl. ebd., S. 27
110 Vgl. ebd., S. 35
111 Vgl. ebd., S. 39, 49
112 Vgl. ebd., S. 59

In einer ersten referats-internen Abstimmung im Jahr 2004 wurde laut Grell beschlossen, das Konzept des Leitfadens zu modifizieren. Ursprünglich war zwar eine Fokussierung auf Islamismus, aber zugleich die Anwendung bei allen Verfahren vorgesehen. Das Anwendungsfeld wurde nun auf Fälle begrenzt, bei denen Zweifel an der Haltung zur fdGO oder deren Verständnis bestehen sollten.[113] Nach Absprachen mit den Einbürgerungsbehörden wird die Zielgruppe dann noch einmal neu definiert:

> „Die Konzentration auf Islamisten wird als realitätsfremd aufgegeben. Im Mittelpunkt stehen jetzt die Muslime bzw. die Angehörigen der 57 Staaten der Islamischen Konferenz. Bei ihnen ist generell davon auszugehen, dass Zweifel bestehen, ob ihr Bekenntnis zur freiheitlichen demokratischen Grundordnung mit ihrer tatsächlichen Einstellung übereinstimmt."[114]

Laut Protokoll der Absprachen stellt die zweite Definition der Zielgruppe per Staatsangehörigkeit eine Notlösung für den Fall dar, dass die Religionszugehörigkeit nicht bekannt ist. Damit wird eindeutig und ausschließlich die Religion als Problem angenommen, nicht etwa mit der Religionszugehörigkeit assoziierbare kulturelle oder ethnische Faktoren, wie die Formulierung suggerieren könnte – es ergibt sich eine bemerkenswerte Trennung von Religion und Kultur. Das Gespräch anhand des Leitfadens sollte immer dann geführt werden, „wenn die Einbürgerungsbehörde an dieser inneren Hinwendung [zur BRD] **Zweifel** [Hervorhebung im Original] hat". Solche Zweifel bestehen demnach „**generell** bei **Muslimen** [Hervorhebungen im Original]". Zwar sollte der Leitfaden z.B. auch „bei sonstigen religiösen oder weltanschaulichen Fundamentalisten und politischen Extremisten" angewendet werden, doch wird diesen Gruppen laut Protokoll „nur geringe Bedeutung" zugewiesen. Begründet wird dieser generelle Zweifel über die zentrale Bedeutung des Korans für Muslim_innen als „Wort Gottes", welches demzufolge vielfach für wichtiger als säkulares Recht erachtet wird.[115]

Nach einer Pressemitteilung des Baden-Württembergischen Innenministeriums vom 14. Dezember 2005 bestehen "Zweifel, ob bei Muslimen generell davon auszugehen

---

113 Vgl. ebd., S. 66
114 Ebd., S. 70
115 Vgl. Bekenntnis zur freiheitlichen demokratischen Grundordnung nach dem Staatsangehörig-keitsgesetz: *Besprechungen mit den Einbürgerungsbehörden am 21.06. (RPT), 28.06. (RPF), 05.07. (RPK) und 18.07.2005 (RPS)*, 19.07.2005, zitiert nach ebd., S. 195, f;
Vgl. *Datenschutz für unsere Bürger: 27. Tätigkeitsbericht des Landesbeauftragten für den Datenschutz in Baden-Württemberg 2006* (Stuttgart: Landesbeauftragter für Datenschutz, 2006), S. 89

sei, dass ihr Bekenntnis bei der Einbürgerung auch ihrer tatsächlichen inneren Einstellung entspreche".[116] Der generelle Zweifel aus dem Protokoll wird hier durch den vermeintlich selbstverständlichen Zweifel an der fdGO-Treue *aller* Muslim_innen ersetzt. Begründet wird damit aber letztlich wieder der *generelle* Zweifel bei Muslim_innen und nur bei diesen.

Im Januar 2006 tritt das Verfahren, begleitet von massiver öffentliche Kritik, in Kraft. Als Reaktion auf diese veröffentlicht das Innenministerium am 10. Januar eine weitere Pressemitteilung, nach der sich Innenminister Heribert Rech wie auch Ministerpräsident Oettinger geschlossen hinter das Verfahren stellen. Demnach erscheint Rech „auch eine Befragung von Muslimen gerechtfertigt". Sowohl Oettinger als auch Rech warnen in der Pressemitteilung vor der Entstehung von „Parallelgesellschaften".[117]

Am 17. Januar verschickt das Innenministerium allerdings eine Verwaltungs-vorschrift, die den Anwendungsbereich tatsächlich neu eingrenzt:

> „Wenn der Einbürgerungsbewerber die Bekenntnis- und Loyalitätserklärung abgibt, wird in jedem Fall wie bisher zwangsläufig ein Gespräch mit ihm darüber geführt werden. Stellen sich dabei Zweifel am Verständnis oder an der Wahrhaftigkeit des Bekenntnisses heraus oder werden solche bestätigt, ist das Gespräch anhand des Leitfadens fortzusetzen [...] Dabei wird es auch bei Antragstellern aus den 57 der islamischen Konferenz angehörenden Staaten vielfach Einbürgerungsbewerber geben, bei denen die Einbürgerungsbehörde durch das Gespräch oder aufgrund sonstiger Umstände die Überzeugung gewinnt, dass ein weiteres, vertieftes Gespräch unter Verwendung von Fragen des Gesprächsleitfadens nicht angezeigt ist"[118]

Wenn der Leitfaden sonst nur bei Zweifel an der Verfassungstreue zum Einsatz kommen sollte und bei der genannten Gruppe aber die Überzeugung verlangt wird, dass diese vorhanden ist, wird hier anscheinend eine Art umgekehrter Beweislast beschrieben. Die Sachlage stellt sich diesbezüglich jedenfalls als reichlich unklar dar, als sich der Bundestag am 19. Januar mit dem Baden-Württembergischen Verfahren beschäftigt. Vorausgegangen war dem ein Antrag der Fraktion von Bündnis 90/Die

---

116 Vgl. Pressemitteilung Innenministerium Baden-Württemberg, 14.12.2005, Zitiert nach: Europäisches Forum für Migrationsstudien (efms), *efms Migrationsreport Januar 2006* <http://www.efms.uni-bamberg.de/dokz06_d.htm> (22.09.2012)
117 Vgl. Pressemitteilung Innenministerium Baden-Württemberg, *Oettinger und Rech halten an Gesprächsleitfaden für Einbürgerungsbehörden fest,* 10.01.2006 <http://www.innenministerium.baden-wuerttemberg.de/de/Meldungen/ 112430.html?referer=81115&template=min_meldung_html&_min=_im> (22.09.2012)
118 Verwaltungsvorschrift vom 17.01.2006, Aktenzeichen: 5-1012.4/12, zitiert nach Rainer Grell, *Dichtung*, S. 190

Grünen, worin der Bundestag aufgefordert wird, „auf eine rechtmäßige Praxis der baden-württembergischen Behörden [...] hinzuwirken".[119] Der Antrag wird abgelehnt. Am 24. Januar beantwortet das Baden-Württembergische Innenministerium eine Kleine Anfrage der Grünen-Abgeordneten Brigitte Lösch, in der unter anderem nach dem Anwendungsbereich gefragt wird, praktisch wortgleich wie in der zitierten Passage des Schreibens vom 17. Januar. Dazu wird hier erwähnt, dass „die Zugehörigkeit zu einer Religion nicht erhoben" wird.[120] Am 01. Februar kommt es im Landtag zu einer Aussprache bezüglich des Leitfadens, die Oettinger zugleich zu einer Regierungserklärung nutzt.

1.2.3 Exkurs: Verschleierung und Verfassung

Für Andreassen und Lettinga dreht sich die deutsche Debatte zur muslimischen Frauenverschleierung analog zu denen der anderen europäischen Staaten wesentlich um die Unterdrückung von Muslim_innen durch ihr soziales Umfeld, ihre Kultur und/oder Religion. Eine Besonderheit der deutschen – wie aber auch der französischen und türkischen – Debatten ist die verbreitete Ansicht, dass die Verschleierung muslimischer Frauen nicht nur für eine patriarchal-religiöse Kultur steht, sondern darüber hinaus auch für einen gefährlichen politischen Islam. Damit ergibt sich eine verschärfte Bedrohungskulisse, vor der über die Rechte einzelner Muslim_innen hinaus auch freiheitliche Gesellschaften als Ganzes gefährdet erscheinen.[121]

Während etwa in Frankreich in der Kopftuchfrage eher mit einem strengen Laizismus argumentiert wird, der grundsätzlich gegen religiöse Symbolik in staatlichen Kontexten gerichtet ist, können in Deutschland indes ambivalente Haltungen gegenüber religiösen Symbolen festgestellt werden. So können in der Diskussion über das Verbot des muslimischen Kopftuchs für Lehrerinnen in Baden-Württemberg

---

119 Vgl. Deutscher Bundestag, *So genannter Muslimtest in Baden-Württemberg – Verfassungs-rechtlich problematische Gesinnungstests beenden,* Drucksache 16/356, 12.01.2006 <http://dip21.bundestag.de/dip21/btd/16/003/1600356.pdf> (22.09.2012)

120 Vgl. Landtag von Baden-Württemberg, *Kleine Anfrage der Abgeordneten Brigitte Lösch GRÜNE und Antwort des Innenministeriums,* Drucksache 13/5015, 22.12.2005 <http://www9.landtag-bw.de/WP13/Drucksachen/5000/13_5015_d.pdf> (22.09.2012)

121 Vgl. Rikke Andreassen/ Doutje Lettinga, *Veiled Debates: Gender and gender equality in European national narratives* in: Sieglinde Rosenberger (Hg.): *Religion and gender in Politics: Framing and regulating the veil,* Routledge studies in religion and politics (London: Routledge, 2012), S. 18-21

2004 beispielsweise Politiker_innen von der SPD bis zu den Republikanern dafürhalten, dass nicht bereits die religiöse Dimension des Kopftuchs problematisch ist. Dabei können sie sich auf die traditionell enge Zusammenarbeit des deutschen Staates mit den Kirchen berufen. Anders aber als christliche oder jüdische Symbole, wird es als nicht mit deutscher Kultur und deutschen Werten vereinbar betrachtet. Es steht demnach über seine religiöse Bedeutung hinaus für die Abgrenzung von der deutschen Mehrheitsgesellschaft und von deutscher Kultur. Auf diese Weise gewinnt die Verschleierung von Musliminnen politische Relevanz. Christliche Nonnen dürfen dagegen weiterhin in Ordenstracht unterrichten, da deren religiöse Symbolik den Werten der Verfassung gegenüber neutral erscheint.[122]

Noch spezifischer hat sich Monika Wohlrab-Sahr mit der Baden-Württembergischen Kopftuchdebatte (insbesondere des Landtags) auseinandergesetzt. Dabei geht sie davon aus, dass religiöse Symbole entweder als rein religiös oder als Mittel kultureller Abgrenzung wahrgenommen werden können. Letzteres gilt aber vor allem, wenn es sich um die Religion einer Minderheit handelt. Im Fall der muslimischen Lehrerin Fereshta Ludin, die auf dem Tragen des Kopftuchs im Unterricht beharrt, wird deren subjektiver Deutung des Kopftuchs eine davon unabhängige, objektive Deutung gegenübergestellt. Danach muss das Kopftuch stets (auch) als Symbol kultureller Abgrenzung interpretiert werden, welches zugleich gegen die (verfassungsmäßige) Gleichberechtigung von Männern und Frauen gerichtet ist. Hierbei wird eine Norm der unauffälligen Artikulation von Religionszugehörigkeit behauptet. Christliche (und jüdische) Symbole laufen dieser Norm aber per se nicht zuwider, da sie in der Kultur der deutschen Gesellschaft fest verankert sind. So können christliche Symbole als diskret religiös und zur gleichen Zeit islamische Symbole als ostentativ wahrgenommen werden.[123]

Folgenreich an diesen Betrachtungen ist zunächst die Beobachtung, dass sich der Islam nicht zwangsläufig politisch artikulieren oder in einem klar als politisch definierten Kontext auftreten muss, um als politisch wahrgenommen zu werden. Rainer Grell bezieht sich affirmativ auf ein solches Szenario. Zu Beginn seiner Chronik der Geschichte des Leitfadens zitiert er Michael Bertrams, den Präsidenten des Nordrhein-Westfälischen Verfassungsgerichtshofs, mit den Worten:

---

122 Vgl. ebd., S. 26
123 Vgl. Monika Wohlrab-Sahr, *Politik und Religion: 'Diskretes' Kulturchristentum als Fluchtpunkt europäischer Gegenbewegungen gegen einen 'ostentativen' Islam*, in: Armin Nassehi/ Markus Schroer (Hg.): *Der Begriff des Politischen*, Soziale Welt, Sonderband 14, (Baden-Baden: Nomos, 2003), S. 371-377

„Eine Lehrerin, die auf dem Tragen des islamischen Kopftuchs beharrt, bekennt sich nicht ohne Vorbehalt und widerspruchsfrei zu unserer Verfassung und ihren Werten."[124]

Die so behauptete prinzipielle Gegensätzlichkeit zwischen dem islamischen Symbol und der Verfassung überträgt er auf das bei den Einbürgerungsverfahren verpflichtende Bekenntnis zur fdGO, dessen Wahrhaftigkeit bei Muslim_innen damit grundsätzlich angezweifelt werden kann. Das ist für ihn „die Geburtsstunde" des Gesprächsleitfadens.[125]

1.3   Text

1.3.1   Vorüberlegungen zur Analyse des Inhalts

Gegenstand dieser Analyse ist der Gesprächsleitfaden in seiner bis zu den Parlamentsdebatten unveränderten Fassung vom 1. September 2005.[126] Auch wenn davon auszugehen ist, dass der Leitfaden weitgehend auf muslimische Bewerber_innen ausgerichtet ist, kann nicht bereits von der inhaltlichen Analyse auf einen repräsentativen Islamdiskurs geschlossen werden. Genauso wenig kann von einem solchen ausgehend der Leitfaden inhaltlich erklärt werden. Maßgebend für den Inhalt des Leitfadens ist nicht nur die (potentielle) Religion der Befragten, sondern vor allem die Überprüfung ihres persönlichen Verhältnisses zur fdGO. Dazu kommt, dass die Entstehungsgeschichte des Leitfadens nicht ins Detail nachvollzogen werden kann (und muss). Für den Inhalt können persönliche Ressentiments, behördliche Abläufe, rechtliche Erwägungen, parteipolitisches Kalkül oder auch angenommene Zusammenhänge von Islam mit Kultur oder Ethnizität eine Rolle gespielt haben. Auch findet der Islam (abgesehen von einer Hintergrundinformation) im Leitfaden explizit keine Erwähnung, was die Interpretation weiter erschwert. Da nur Fragen und keine Antworten vorliegen, muss zunächst von den Fragen auf erwartbare Antworten geschlossen werden, bevor diese wiederum interpretiert werden können. Bereits

---

124 Michael Bertrams, zitiert nach Rainer Grell, *Dichtung*, S. 63
125 Vgl. ebd., S. 63
126 Vgl. *Bekenntnis zur freiheitlichen demokratischen Grundordnung nach dem Staatsangehörigkeitsgesetz (StAG): Gesprächsleitfaden für die Einbürgerungsbehörden*, 01.09.2005 <http://www.baden-wuerttemberg.datenschutz.de/lfd/tb/2006/leitfaden.htm> (21.09.2012); Vgl. Anhang

aufgrund dieser analytischen Schwierigkeiten bietet es sich an, zunächst induktiv die inhaltlichen Hauptaspekte des Leitfadens herauszuarbeiten und mit den wichtigsten Aspekten der fdGO, im Folgenden definiert durch das Bundesverfassungs-schutzgesetz (BVerfSchG), abzugleichen. Hier liegt eine klare Bestimmung des Begriffs vor, die die Interpretation deutlich erleichtert. Praktisch identisch mit der Version des BverfSchG ist die hierzu vielfach zitierte Definition des Bundesverfas-sungsgerichts von 1952 zum Urteil gegen die Sozialistische Reichspartei.[127] Erst in einem weiteren Schritt wird dann auf die Rolle des Islam geschlossen. Damit soll festgestellt werden, inwiefern muslimische Zugewanderte als Bedrohung für die fdGO gedacht werden (können) und insofern Vorannahmen für die Analyse der Parlamentsdebatten formuliert. Zu den grundlegenden Prinzipien der fdGO zählen laut BVerfSchG:

„a) das Recht des Volkes, die Staatsgewalt in Wahlen und Abstimmungen und durch besondere Organe der Gesetzgebung, der vollziehenden Gewalt und der Rechtsprechung auszuüben und die Volksvertretung in allgemeiner, unmittelbarer, freier, gleicher und geheimer Wahl zu wählen,
b) die Bindung der Gesetzgebung an die verfassungsmäßige Ordnung und die Bindung der vollziehenden Gewalt und der Rechtsprechung an Gesetz und Recht,
c) das Recht auf Bildung und Ausübung einer parlamentarischen Opposition,
d) die Ablösbarkeit der Regierung und ihre Verantwortlichkeit gegenüber der Volksvertretung,
e) die Unabhängigkeit der Gerichte,
f) der Ausschluss jeder Gewalt- und Willkürherrschaft und
g) die im Grundgesetz konkretisierten Menschenrechte."[128]

Die fdGO beschreibt demnach den institutionellen Rahmen eines demokratischen Staates, demokratische Prozesse, allgemeine Prinzipien wie die Volkssouveränität sowie allgemeine Rechte. Alle Aspekte betreffen den Staat sowie auf unterschiedliche Weise auch das Verhältnis zwischen Staat und Bürger_innen. Lediglich das Prinzip g) kann sich auch auf das direkte Verhältnis zwischen den Bürger_innen beziehen[129], wobei der Staat freilich als das Instrument zur Durchsetzung der Menschenrechte gedacht werden muss. Die fdGO stellt nach Eckhard Jesse den „Kernbegriff des Grundgesetzes"[130] dar. Sie markiert die Grenze zwischen dem in politischen

---

127 Vgl. Entscheidungen des Bundesverfassungsgerichts 2, 12 f.
128 Vgl. § 4, BVerfSchG vom 20. Dezember 1990 (BGBl. I S. 2954, 2970), das zuletzt durch Artikel 2 des Gesetzes vom 20. August 2012 (BGBl. I S. 1798) geändert worden ist.
129 Vgl. Eckart Thurich, *Pocket Politik: Demokratie in Deutschland*, 2. Aufl. (Bonn: Bundeszentrale für politische Bildung, 2003), S. 87
130 Eckhard Jesse, *Streitbare Demokratie: Theorie, Praxis und Herausforderungen in der*

Prozessen Verhandelbaren und dem nicht Verhandelbaren als „Wegscheide, die Verfassungsfeindschaft von Verfassungstreue trennt", wie sie Klaus Stern die fdGO benennt.[131] Folglich gehören ihr die meisten, aber nicht alle, der in Artikel 79.3 des Grundgesetzes für unveränderlich erklärten Grundsätze der Verfassung an.

1.3.2 Inhalt

Frage 1 führt den Begriff der fdGO ein, nennt davon allerdings nur drei Aspekte, nämlich den „Schutz der Menschenwürde", „das Gewaltmonopol des Staates", dessen Gewaltausübung rechtmäßig sein muss, und die „Gleichberechtigung von Mann und Frau". Weil hier nur spezifische Aspekte der fdGO herausgegriffen werden und diese zugleich in einer Frage zusammengefasst sind, kann auf eine zu erwartende Antwortkonstellation geschlossen werden, in der diese Aspekte ebenfalls in Verbindung stehen. Sowohl die Menschenwürde als auch die Gleichberechtigung lassen sich der Kategorie der „im Grundgesetz konkretisierten Menschenrechte" zuordnen.[132] Die Erwähnung des Gewaltmonopols in diesem Zusammenhang – welches hier mit „außer dem Staat darf in der Bundesrepublik Deutschland niemand Gewalt gegen einen anderen anwenden, außer in Notwehr" umschrieben wird – lässt auf eine Konstellation schließen, in der diese Menschenrechte nicht von Seiten des Staates sondern eher durch Ausschaltung dessen Gewaltmonopols bedroht werden. Der Verweis auf die notwendige Rechtmäßigkeit staatlicher Gewalt dürfte dabei eher erläuternden Charakter haben, als tatsächlich der Offenlegung verfassungsfeindlicher Einstellungen zu dienen.[133]

Für diese Interpretation von Frage 1 spricht außerdem, dass (mindestens) die Fragestellungen 6 bis 9, 13, 14, 17, 18 und 24 sehr ähnlich strukturiert sind. Auch diese Fragen zielen darauf ab, von den Befragten Stellungnahmen zu Situationen einzuholen, in denen Menschenrechte – in erster Linie von Frauen – verletzt werden

Bundesrepublik Deutschland, Beiträge zur Zeitgeschichte, Bd. 2 (Berlin: Colloquium Verlag, 1980), S. 18

131 Klaus Stern, *Grundbegriffe und Grundlagen des Staatsrechts, Strukturprinzipien der Verfassung*, Das Staatsrecht der Bundesrepublik Deutschland, Bd. 1 (München: C.H. Beck, 1977), S. 426

132 Vgl. Eckhart Thurich, *Demokratie*, S. 87, f.

133 Eine gegen genau diesen Punkt gerichtete Aussage, die sich dabei also nicht gegen die spezifische gesetzliche Grundlage der Gewalt oder die staatliche Gewalt an sich wendet, müsste einer Befürwortung staatlicher Willkür entsprechen. Welcher Art extremistischer Einstellungen könnte eine solche Haltung zugeordnet werden?

(können). Staatliche Gewalt tritt dabei nirgendwo als (potentielle) Ursache der Rechtsverletzungen auf, sondern steht ihnen allenfalls entgegen. Mit der fdGO in Konflikt geratende Positionierungen der Befragten wären demnach solche, die sich nicht angemessen gegen die Rechtsverletzungen wenden oder aber der Staatsgewalt, die diese zu verhindern trachtet, ablehnend gegenüberstehen.

Eine ähnliche Interpretation drängt sich zudem für die Fragen 19 und 20 auf, bei denen ein Bezug zur fdGO sonst schwer herzustellen scheint. Sie fragen nach dem Verhalten bei sexueller Belästigung oder Beleidigung, die dem Vernehmen nach passiert sind, von nahen Verwandten. Wenn es hier um mehr als die mögliche Erwägung (bloß) krimineller Handlungen gehen soll, müsste erneut die Haltung zum staatlichen Gewaltmonopol zur Debatte stehen.[134] Selbstjustiz könnte als (wenn auch im Falle persönlicher Motive wahrscheinlich unintendierter) Angriff auf das Gewaltmonopol interpretiert werden.

Frage 2 stellt einen unbestimmten Demokratiebegriff zur Debatte. Dieser wird mit zwei Aussagen, zu denen die Befragten Stellung nehmen sollen, wertend kontextualisiert. Die erste, an ein bekanntes Zitat von Winston Churchill erinnernde[135], Aussage stellt einen pragmatisch-positiven Bezug zu Demokratie her. Die zweite entspricht einer grundsätzlich negativen Wertung von Demokratie und stellt eine mögliche „Befreiung" von ihr in Aussicht.

Die Fragen 3, 4, 13 und 21 thematisieren explizit Religion. Hier wird der Grad an Toleranz gegenüber Religionswechseln, Religionskritik sowie der Verletzung religiöser Gefühle abgefragt. Es ist auch von den Fragestellungen her naheliegend, dass die Befragten hierfür als religiös gedacht werden. Zur Debatte stehen die Grundrechte auf Meinungsfreiheit[136] und Religionsfreiheit[137]. Frage 3 zielt dabei ausschließlich auf die Wahl der Mittel, die Einzelne anwenden dürfen. Frage 21 behandelt ausschließlich die Möglichkeiten staatlicher Intervention. In Frage 13 geht es unter anderem um die Toleranz gegenüber eines „anderen Glaubens" des potentiellen Ehepartners der Tochter des/der Befragten. Dabei geht es primär um persönliche Toleranz. Ein rechtlicher Aspekt ist allenfalls indirekt impliziert.

Die Bereitschaft zur Unterstützung von als verfassungsfeindlich verbotenen

---

134 Andere denkbare Interpretation wären, dass von einer Erwägung physischer Gewalt aus persönlichen Gründen oder von einem besonders streitsüchtigen Charakter bereits auf eine ablehnende Haltung der fdGO gegenüber geschlossen werden sollte.
135 Vgl. Winston Churchill, Parliament Bill, 11.11.1947, S. 207   <http://hansard.millbanksys-tems.com/commons/1947/nov/11/parliament-bill#column_207>
136 Vgl. Grundgesetz, Art. 5
137 Vgl. Grundgesetz, Art. 4

Organisationen wird in Frage 5 thematisiert. Die Fragen 22 und 23 zielen auf eine mögliche Billigung oder auch Unterstützung von Terrorismus, der bei Frage 23 exemplarisch ausschließlich als islamistischer auftritt. Gemein ist diesen drei Fragen, dass sie keinem spezifischen Aspekt der fdGO zugeordnet werden können. Zugleich wird hier nämlich allgemein nach politischen Haltungen und der Bereitschaft zu kriminellen Praxen gefragt.

Die Fragen 25 und 26 behandeln die Haltung zu Polygynie. Die Fragen unterscheiden sich dadurch, dass Polygynie einmal als illegale (in Deutschland), einmal als legale (im „früheren Heimatstaat" des heiratenden Mannes)[138] thematisiert wird. Beide Fragen lassen sich nur sehr indirekt auf die fdGO beziehen. Während für Frage 25 noch über das Gutheißen oder die Verurteilung einer Rechtsüberschreitung ansatzweise ein Bezug zur fdGO hergestellt werden kann, so gilt dies für 26 nicht mehr. Sie steht damit nur für das (neben dem Gewaltmonopol) zweite zentrale Motiv des Leitfadens, nämlich der Thematisierung von Geschlechterverhältnissen bzw. Geschlechterrollen.

Hierzu werden in den Fragestellungen 1, 6 bis 13, 15, 17, 18 und 24 bis 26 vielfältige Aspekte behandelt. Der Themenkomplex, der also in der Hälfte aller Fragen auftaucht, ist damit der quantitativ am stärksten vertretene. Es werden Stellungnahmen zu gesetzlicher Gleichberechtigung, patriarchalen Familien-strukturen, Gewalt gegen Frauen, Zwangsehen, familiär aufgezwungenen Kleidungs-vorschriften, Ehrenmorden und eben Polygynie erwartet. Frage 12 behandelt die Bereitschaft, sich in einem Ausnahmefall von ärztlichem Personal des anderen Geschlechts untersuchen zu lassen. Wie bei einigen anderen Fragen ist auch hier der Bezug zur fdGO nur schwer herzustellen. Möglicherweise zielt die Frage auf die Befürwortung einer rigiden Geschlechtertrennung und damit implizit patriarchaler Geschlechterverhältnisse. Auch diese Frage thematisiert keine Verletzung von Rechten oder auch nur Überschreitung von Gesetzen, was als Indiz dafür gewertet werden kann, dass Geschlechterverhältnisse einen sehr eigenständigen Themenbereich darstellen.

Frage 27 konfrontiert mit antisemitischen Behauptungen. Frage 28 zielt auf einen Rassismus, der sich gegen Schwarze richtet. 29 und 30 behandeln Haltungen zu Homosexualität bzw. Homosexuellen, einmal im familiären Umfeld, einmal bezogen auf Politiker_innen. Auch diese Fragen können am ehesten in Hinblick auf die

---

138 Frage 26 würde sich inhaltlich nicht von 25 unterscheiden, wenn die Heirat im Ausland ebenfalls nicht legal wäre. Außerdem stellt die rechtliche Situation im Sinne der Fragestellung das wohl naheliegendste Motiv für die 'Fahrt' ins Ausland dar.

Menschenrechte interpretiert werden. Der Bezug zur fdGO ist aber auch hier schwierig herzustellen. Schließlich kann, selbst wenn etwa bei Frage 27 bejaht werden sollte, dass „die Juden für alles Böse in der Welt verantwortlich" sind, noch nicht hinreichend auf eine ablehnende Haltung zur fdGO geschlossen werden. Hierfür müsste letztlich deren rechtlicher Status infrage gestellt oder eine Verletzung ihrer Rechte gutgeheißen werden. Dies wiederum könnte auf vielfältige Weise mit der fdGO konfligieren. Ähnlich wie bei den Fragen, die in weitem Sinne Geschlechter-differenz thematisieren, steht hier eher allgemein das Verhältnis zu bestimmten gesellschaftlichen Gruppen zur Debatte.

1.3.3 Die Rolle der fdGO

Das staatliche Gewaltmonopol und die Frage nach der Geschlechterdifferenz sind nach dieser Analyse die dominanten Motive des Leitfadens (je in einem sehr allgemeinen Sinne). In diesem Zusammenhang steht meist auch die Thematisierung von Gewaltbereitschaft sowie sexistischer Haltungen und Praxen. Homosexualität wird eher am Rande thematisiert. Jeweils nur auf eine einzige Frage beschränkt bleibt auch die Thematisierung von Rassismus und Antisemitismus. Relativ wenige Fragen behandeln außerdem Demokratie und fdGO im Allgemeinen.

Die Punkte a), c), d) und e) der fdGO spielen für die Fragestellungen damit im Grunde keine Rolle. Die Fragen, die sehr allgemein politische Einstellungen thematisieren können, eignen sich kaum, um gezielt einen dieser Aspekte zur Sprache zu bringen. Auch in Frage 1, die den Begriff der fdGO enthält, werden diese Punkte nicht erwähnt. Punkt b) ist nur ansatzweise in den Leitfaden integriert und weitgehend nur in Hinblick auf das Gewaltmonopol sowie stets in Verbindung mit dem am häufigsten auftauchenden Punkt f), nämlich Menschenrechte. Praktisch alle Fragen können in Hinblick auf diesen Aspekt interpretiert werden. Aber auch die Menschenrechte sind verschieden stark integriert. So steht Artikel 3 des Grundgesetzes, der die Gleichberechtigung von Mann und Frau festschreibt, eindeutig im Vordergrund, während etwa der Schutz der Familie[139] oder das Asylrecht[140] nicht zu Debatte stehen. Das Gewaltmonopol wird weder in den gängigen Definitionen der fdGO noch in den für unveränderbar erklärten Prinzipien

---

139 Vgl. Grundgesetz, Art. 6
140 Vgl. Grundgesetz, Art. 16a

des Grundgesetzes explizit genannt.[141]

Es liegt damit einerseits eine hochgradig spezifische Interpretation der fdGO vor. Andererseits enthält der Leitfaden eine sehr allgemeine Interpretation der fdGO, die hier lebens- bzw. alltagsnah ausgelegt wird, indem sie in Bereichen Geltung erlangt, die von ihr formell nicht betroffen sein können, wie z.b. der Ablehnung ärztlicher Hilfeleistung. Zudem entsteht durch die Fokussierung auf persönliche Haltungen eine paradoxe Konstellation. Die fdGO bezieht sich nicht auf Meinungen oder Moralvorstellungen. Sie verurteilt auch nicht Illegalität, sondern steckt vielmehr den Grundrahmen des Legalen ab, „indem zu ihr nur Mindestprinzipien gehören, die für alle politischen Konzeptionen konstitutiv sein sollen"[142]. Dennoch sind viele Fragestellungen an persönlichen Meinungen und Einschätzungen interessiert. Viele der Fragen des Leitfadens lassen sich nur sehr indirekt überhaupt mit der fdGO in Verbindung bringen. Häufig werden Sachverhalte so thematisiert, dass auch die zu erwartenden 'falschen' Antworten keiner offenen und allenfalls einer subtilen Abneigung gegen einzelne Aspekte der fdGO entsprechen.

1.3.4 Die Rolle des Islam

Wenn davon auszugehen ist, dass der Leitfaden in erster Linie auf muslimische Einbürgerungswillige ausgerichtet ist, kann behauptet werden, dass der Leitfaden nicht oder nur beiläufig an einem (islamistischen) Extremismus interessiert ist, sondern eher an mit der fdGO als unverträglich eingestuften Lebensweisen und Grundhaltungen. Die Lebensweisen stellen weniger die staatlich-institutionelle Dimension der fdGO infrage, sondern bedrohen vielmehr grundlegende Rechte abseits von staatlicher Kontrolle und Zugriffsmacht. Die Grundhaltungen bedrohen dagegen eher ein moralisches Fundament, das offenbar für nötig erachtet wird, um die fdGO aufrecht zu halten. Eine konkrete Bedrohung geht vom Islam so gesehen in erster Linie für die Rechte von Frauen und darüber hinaus von jüdischen, homosexuellen sowie anders denkenden oder glaubenden Menschen aus.

Es ist anzumerken, dass nur vier Fragen Religion behandeln. Die beziehen sich vor allem auf Toleranz gegenüber der Religionsgemeinschaft äußeren oder kritisch

---

141 Vgl. Grundgesetz, Art. 1, 20, 79.3
   Ziel dieser Argumentation ist es nicht, die Irrelevanz des Gewaltmonopols für die fdGO zu behaupten, sondern deren sehr spezifische Interpretation zu verdeutlichen.
142 Eckhard Jesse, *Demokratie*, S. 19

gegenüberstehenden Personen. Darüber hinaus steht die Haltung zu islamistischem Terrorismus zu Debatte. Noch weniger offensichtliche Bezüge auf den Islam weisen z.b. die Fragestellungen 2, 6 und 17/18 auf. Bei Frage 2 soll ein Zitat kommentiert werden, das dem Verbandsorgan der als verfassungsfeindlich verbotenen islamistischen Organisation Kalifatsstaat entnommen ist.[143] Die Aussage, die in Frage 6 zur Diskussion gestellt wird, wonach „die Frau ihrem Ehemann gehorchen soll und dass dieser sie schlagen darf, wenn sie ihm nicht gehorsam ist" erinnert an einen Koranvers.[144] Zudem könnte die Konstellation von Frage 17/18, bei der es um eine erzwungene Kleiderordnung für Frauen geht, als Verweis auf das islamische Kopftuch betrachtet werden.[145]

Zentralere religionsbezogene Aspekte wie Glaubensfragen bzw. theologische Konzepte oder zentrale religiöse Praxen wie Beten oder Fasten spielen grundsätzlich keine Rolle. Das liegt sicherlich daran, dass Bezüge zur fdGO hierbei tatsächlich kaum herzustellen wären und der Leitfaden nicht ausschließlich für muslimische Personen Verwendung finden sollte. Dennoch kann festgehalten werden, dass auch der Islam, wo er hier überhaupt eine Rolle spielt, eher implizit oder sehr spezifisch thematisiert wird.

1.3.5 Zusammenfassung

In den Fragestellungen des Leitfadens wird nicht explizit über den Islam und nur wenig über Religion im Allgemeinen gesprochen. Davon ausgehend, dass der Leitfaden primär das Bekenntnis einer muslimischen Zielgruppe zur fdGO überprüfen soll (wofür auch im Text Indizien vorliegen) und dabei nur spezifische Aspekte fdGO zur Debatte stehen während andere gänzlich ausgeklammert werden, kann indes auf bestimmte Annahmen über den Islam geschlossen werden. Demnach konfligieren muslimische Positionen in erster Linie mit der im Grundgesetz festgeschriebenen Gleichberechtigung von Mann und Frau. Weitere Konfliktlinien lassen sich in Bezug auf elementare Freiheitsrechte (Religions- und Meinungs- freiheit) sowie der Rechte von bestimmten gesellschaftlichen Minderheiten (explizit Homosexuelle, Schwarze und Jüd_innen) nachvollziehen. Die Thematisierung des

---

143 Vgl. *Verfassungsschutzbericht 2000* (Berlin: Bundesministerium des Innern, 2001), S. 204
144 Vgl. Sure 4, 34
145 Interessant dabei ist, dass das Kopftuch dann insofern als eine Normabweichung interpretiert wird, da es „andere deutsche Mädchen und Frauen" demnach nicht tragen.

Gewaltmonopols kann auf ein weiteres Konfliktfeld hinweisen, aber auch darauf, dass diese Rechte weniger von einem politischen Islam, sondern durch fehlende staatliche Zugriffsmacht bedroht erscheinen. Politischer Islam ist für den Leitfaden praktisch irrelevant. Vielmehr geht es um Grundhaltungen und Lebensweisen, die als mit der fdGO in Widerspruch stehend und damit als politisch relevant gedeutet werden.

2   Die Parlamentsdebatten

2.1   Vorüberlegungen

2.1.1   Analyse von Parlamentsdebatten

Wie Teun van Dijk feststellt, sind Parlamentsdebatten trotz ihres fundamentalen Einflusses auf die Gesetzgebung sowie den daraus resultierenden Folgen für die Bürger_innen bislang wenig erforscht worden. Parlamentsdebatten sind wie andere Genres des politischen Diskurses stark von kontextuellen Faktoren wie der politischen Lage oder den Interessen und Rollen der Akteur_innen bestimmt. Wesentliche inhaltliche, rhetorische und strukturelle Merkmale sind zudem vielfach nicht auf das Diskursgenre beschränkt vorzufinden. Die kontextuellen Faktoren sind eher lokal und personenbezogen, wodurch sie sich auch situationsabhängig verändern können. Kontextmodelle können dementsprechend soziale Situationen mit Diskursen und Diskursstrukturen in Verbindung setzen. Zu den Analysekategorien, die bei der qualitativen Betrachtung gerade von parlamentarischen Migrationsdebatten besondere Beachtung erfahren können, zählt van Dijk die Themensetzung, also inhaltliche Zuordnungen von einzelnen Aussagen und ganzen Debatten.[146]
Weiter können logische oder assoziative Herstellungen von Zusammenhängen so wie implizite Aussagen relevant sein:

> „We see that implicitness in PDs [parliamentary debates] may have specific political functions defined in contextual terms, namely what recipients are assumed to know as politically knowlegdeable people, on the one hand, and in terms of political face-keeping and impression management of individual MPs [members of parliament] or their groups/party, on the other hand"[147]

Der Verweis auf die erwartete Außenwirkung sowie das erwartete Vorwissen stellen demnach eine allgemeine, über-personale Dimension personenbezogener Kontextua-

---

146 Vgl. Teun Van Dijk, *Parliamentary Debates* in: Ruth Wodak/ Teun Van Dijk (Hg.): *Racism at the Top: Parliamentary Discourses on Ethnic Issues in Six European States*, The Investigation, Explanation and Countering of Xenophobia and Racism, Bd. 2 (Klagenfurt: Drava, 2000), S. 31, ff.
147 Ebd., S. 61

lisierung dar. In einem vergleichbaren Zusammenhang steht die Verwendung rhetorischer Figuren, die die Intention einer Aussage verschleiern. Sachverhalte können auch durch detaillierte, konkrete Schilderung betont werden, während andere, abstrakt und oberflächlich dargestellt, dem Blickfeld entzogen werden. Abseits der rein argumentativen Ebene können zudem diverse weitere Aspekte wie die Wortwahl oder die Verwendung von Pronomen (und damit verbundene Konstruktionen von Eigen- oder Fremdgruppen) aussagekräftige Analysekriterien darstellen.[148]

Wie Norman und Isabela Fairclough feststellen, sollten Argumente die Hauptkategorie der Analyse politischer Diskurse bilden. Dann können beispielsweise Narrative, die die Verhältnisse symbolisieren, innerhalb derer für bestimmte Optionen plädiert wird, über die Argumentationen als deren „circumstantial premises" in die Analyse integriert werden.[149]

Um der notwendigen Kontextualisierung Rechnung zu tragen, wird nun, nach der Erläuterung der politischen Sachlage, noch auf die generellen Vorbedingungen und Spezifika der zu untersuchenden Parlamentsdebatten eingegangen. Bei allen Abgeordneten wird zumindest die Parteizugehörigkeit – gegebenenfalls auch andere Faktoren wie politische Ämter – miteinbezogen. Die Ergebnisse werden, wo möglich, in Anbetracht der Begebenheiten der entsprechenden Debatten interpretiert, bevor auf einen umfangreicheren Diskurs über Islam und Migration geschlossen wird. Am Anfang und im Zentrum der Analyse stehen Argumente.

2.1.2   Vorbemerkungen und Verlauf der Debatten

Gegenstand dieser Untersuchung sind die Plenarprotokolle der beiden Debatten im Bundestag[150] und im Baden-Württembergischen Landtag[151] vom 19. Januar und 1. Februar 2006. Sie geben die Reden sowie formale Zwischenfragen der Abgeordneten im Wortlaut wieder. Vermerkt sind auch anderweitige Reaktionen wie Beifall, Gelächter oder Zwischenrufe.[152] Im Zentrum der Untersuchung stehen die Reden als

---

148 Vgl. ebd., S. 61-68
149 Vgl. Norman Fairclough/ Isabela Fairclough, *Political Discourse Analysis: A method for advanced students* (London: Routledge, 2012), S. 4, ff.
150 Vgl. Deutscher Bundestag, Stenographischer Bericht, Plenarprotokoll 16/11, 19.01.2006, S. 754 – 770. <http://dip21.bundestag.de/dip21/btp/16/16011.pdf> (22.09.2012)
151 Vgl. Landtag von Baden-Württemberg, Plenarprotokoll 13 / 106, 01.02.2006, S. 7645 – 7675. <http://www2.landtag-bw.de/Wp13/Plp/13_0106_01022006.pdf> (22.09.2012)
152 Diese werden im Folgenden nicht mit-zitiert und in den Zitaten auch nicht durch Auslassungs-zeichen gekennzeichnet, welche sonst eine Auslassung eines Teils der Rede suggerieren

wesentliche Strukturelemente der Debatten. Andere Textstücke werden miteinbezogen, wo sie für den Verlauf der Debatten und deren Analyse von Interesse sind. Insbesondere der Regierungserklärung des Baden-Württembergischen Ministerpräsidenten Günther Oettinger soll im Rahmen dieser Untersuchung besondere Aufmerksamkeit zuteil werden. Oettinger tritt hier in seiner Funktion als Regierungschef (und damit nicht in erster Linie als Landesvorsitzender der CDU) auf, was die Annahme eines tendenziell überparteilichen Standpunkts erwarten lässt. Gleichzeitig vertritt er die Position seiner Partei, die sich als einzige uneingeschränkt für den Leitfaden ausspricht, und damit bereits eine Extremposition. Er vereint diese beiden Rollen indem er den Leitfaden in den sehr allgemeinen Kontext einer Diskussion über Integration stellt und dabei einen überparteilichen Konsens anstrebt. Oettingers Regierungserklärung nimmt insofern eine Schlüsselrolle in den Debatten ein, als sie in den anderen Positionierungen weitgehend geteilte (oder zumindest unhinterfragte) Grundannahmen widerspiegelt.

Gegliedert wird anhand inhaltlicher Gesichtspunkte, die sich aus der Leitfrage ableiten lassen. Es geht also um:

1. die konkrete Beschaffenheit des Immigrationsdiskurses, innerhalb dessen hier über Islam gesprochen wird (dabei erweisen sich vor allem Integration, Parallelgesellschaften und fdGO als relevante Kriterien);
2. die Art und Weise, wie über Islam gesprochen wird, bzw. welche Bedeutungen dem Begriff in den Debatten zugewiesen werden;
3. die spezifische Einbindung des Islam in den Immigrationsdiskurs sowie die Frage nach der Bestimmung des Islambegriffs anhand der Kriterien des Immigrationsdiskurses.

Methodisch werden Ausschnitte nach den Kriterien inhaltlicher Vergleichbarkeit und dabei (möglichst) maximaler Kontrastierung[153] miteinander verglichen und somit allgemeine Strukturen und Widersprüche herausgearbeitet. Als Element maximaler Kontrastierung (gegenüber Oettinger) eignet sich z.B. die Kurzintervention der Grünen-Abgeordneten Ekin Deligöz im Bundestag, die daher im Folgenden eine relativ wichtige Rolle spielt, wenngleich Deligöz nur vergleichsweise kurz zu Wort

---

würden.
153 Vgl. Reiner Keller, *Diskursforschung: Eine Einführung für SozialwissenschaftlerInnen*, 4. Aufl., Ralf Bohnsack et. al. (Hg): Qualitative Sozialforschung, Bd. 14 (Wiesbaden: VS Verlag für Sozialwissenschaften, 2011), S. 92, f.

kommt.

Zunächst soll aber noch berücksichtigt werden, wer in den Debatten eigentlich spricht. Berücksichtigt man alle 13 Reden (die Regierungserklärung eingeschlossen, Nachfragen und die Kurzintervention ausgenommen), so wird klar, dass ihre Verteilung weder die Mehrheitsverhältnisse in der deutschen Bevölkerung, noch die der Parlamente widerspiegelt. Nach Parteizugehörigkeit der Abgeordneten unterteilt, ergibt sich mit fünf Reden (Heribert Rech spricht in beiden Parlamenten) eine deutliche Mehrheit zugunsten der CDU. Drei Abgeordnete gehören der FDP bzw. FDP/DVP[154] an, der SPD und den Grünen nur jeweils zwei. Für die Linkspartei spricht lediglich Sevim Dagdelen im Bundestag. Was die Religionszugehörigkeit der Abgeordneten betrifft, so sind sechs Reden katholischen (auch hier wird Rech doppelt gezählt) und fünf evangelischen Abgeordneten zuzurechnen. Bei den übrigen zwei ist die Religionszugehörigkeit unbekannt oder sie sind konfessionslos.[155] Da in den Debatten auch die Thematisierung von Geschlechterverhältnissen eine entscheidende Rolle spielt, erscheint es angebracht, auch auf die geschlechtsspezifische Verteilung der Redebeiträge einzugehen. Der Redebeitrag der Abgeordneten Sevim Dagdelen stellt nicht nur den einzigen Redebeitrag für die Linkspartei, sondern auch den einzigen einer Frau dar. Das Verhältnis von männlichen zu weiblichen Abgeordneten steht somit bei 12:1.

Da sich die Sachlage zwischen 19. Januar und 1. Februar 2006, also zwischen Bundestags- und Landtagsdebatte, praktisch nicht verändert hat, zudem auch keine maßgeblichen Unterschiede in den vertretenen Positionen erkennbar sind, werden die Debatten im Folgenden gemeinsam abgehandelt. Auch die Fraktionen treten in den Debatten weitgehend geschlossen auf. Allerdings ist keine klare Einteilung der vertretenen Positionen entlang der Fraktionsgrenzen möglich. Die Positionierungen lassen sich eher anhand eines Schemas gradueller Zustimmung bzw. Ablehnung zum Konzept des Leitfadens beschreiben. Dabei befürworten die Abgeordneten der CDU den Leitfaden prinzipiell in vollem Umfang während Abgeordnete von SPD und Grünen – und noch stärker der Linkspartei – dem Projekt weitgehend ablehnend

---

154 Die FDP-Fraktion im Bundestag entspricht der FDP/DVP-Fraktion im Baden-Württembergischen Landtag. Im Folgenden wird verallgemeinernd nur noch von 'FDP' im Baden-Württembergischen Landtag gesprochen.

155 Die Religionszugehörigkeiten der Abgeordneten sind in den Abgeordneten-Biographien enthalten, die von Landtag und Bundestag zur Verfügung gestellt werden. In Fällen, in denen die Abgeordneten nicht mehr Mitglieder der Parlamente sind oder die Religionszugehörigkeit nicht genannt wird, stützt sich die Angabe auf externe Biographien. Die Adressen der Internetseiten finden sich im Verzeichnis der Internetquellen.

gegenüberstehen. Allerdings wird von diesen auch vielfach Zustimmung zu grundlegenden Einschätzungen der Gegenseite artikuliert. Die FDP-Abgeordneten nehmen hierbei eine Sonderrolle ein. Ihre Kritik richtet sich im Landtag (wo die FDP mit der CDU die Regierungskoalition bildet) eher gegen einzelne Fragestellungen, während der Leitfaden von Hartfrid Wolff, der die Partei im Bundestag (wo die Partei in der Opposition ist) vertritt, sehr viel grundsätzlicher abgelehnt wird.

2.2 Analyse der Debatten

2.2.1 Argumentative Ebene

a) Argumente für den Leitfaden

Aus der beschriebenen rechtlichen Grundlage des Leitfadens wird von dessen Befürworter_innen zugleich dessen (rechtliche) Notwendigkeit abgeleitet. Zweifel an der Aufrichtigkeit des Bekenntnisses werden unter anderem mit dem Verweis auf einzelne Personen, die die deutsche Staatsbürgerschaft erlangt haben und im Nachhinein das Grundgesetz offen zurückweisen, begründet. Entsprechende Personen, so etwa Heribert Rech, müssten, können aber nur noch äußerst schwer ausgewiesen werden. Dazu wird vielfach auf einen Gewinn an Freiheiten verwiesen, der mit der Erlangung der Staatsbürgerschaft einhergeht. Folglich muss verhindert werden, dass Personen, die den freiheitlichen Staat gefährden können, in Besitz dieser Freiheiten gelangen können. Eine verweigerte Einbürgerung stellt so gesehen eine präventive Sicherheitsmaßnahme dar. Zugleich wird der Leitfaden mehrfach in Zusammenhang mit dem Konzept einer wehrhaften Demokratie gestellt. Weiter soll, so Ulrich Noll für die FDP im Landtag, mit dem Leitfaden auch ein Zeichen für die deutsche Bevölkerung gesetzt werden, dass „es nicht beliebig [ist], wer zu uns kommt". Demnach stellt der Leitfaden ein Mittel dar, die gesellschaftliche Akzeptanz Zugewanderter zu erhöhen. Außerdem, so Clemens Binninger für die CDU im Bundestag, soll der Leitfaden die Praxis der Einbürgerungsbehörden vereinheitlichen und ihnen in schwierigen Fragen eine Hilfestellung sein. Darüber hinaus ist er laut Binninger flexibel zu handhaben und stellt damit ein durchaus praktikables Instrument dar.

Der Erlangung der Staatsbürgerschaft sollte zudem ein gelungener Integrationsprozess vorangehen. Integration kann damit als Forderung artikuliert werden und spielt so in den befürwortenden Reden (aber nicht nur hier) eine besonders wichtige Rolle. Als legitim bzw. legal wird der Leitfaden außerdem vielfach betrachtet, insofern er keine Diskriminierung für eine bestimmte Gruppe darstellt. Die Begründungen hierfür ähneln allerdings stark den vor den Debatten erfolgten Stellungnahmen des Innenministeriums. So beschreibt etwa Innenminister Heribert Rech den nicht-diskriminierenden Charakter des Leitfadens im Bundestag folgendermaßen:

> „Wenn entsprechende Zweifel vorliegen, dann soll das Gespräch anhand des Leitfadens selbstverständlich auch mit Einbürgerungsbewerbern aus anderen Staaten geführt werden. [...] Auch bei Bewerbern aus islamischen Ländern soll der Leitfaden keineswegs ausnahmslos auf alle Bewerber angewendet werden. Wenn die Behörde annehmen darf, dass sich der Bewerber zu unserer Verfassung bekennt, wäre ein Gespräch anhand des Leitfadens überflüssig."

Anstatt einfach zu sagen, dass tatsächlich alle Bewerbungen gleich behandelt werden, sollen Personen „aus islamischen Ländern" offenbar nur dann nicht mit dem Leitfaden konfrontiert werden, wenn keine Zweifel an der Verfassungstreue vorliegen. Bei anderen Personen gilt das dagegen nur, wenn Zweifel vorliegen.

b) Argumente gegen den Leitfaden

Die Einwände gegen den Gesprächsleitfaden lassen sich grob in zwei Gruppen einteilen. Zunächst wird dessen rechtliche Grundlage angezweifelt. Vor allem auf eine Unvereinbarkeit mit dem Grundgesetz wird hier immer wieder verwiesen. Die positive Bezugnahme der den Leitfaden befürwortenden Redebeiträge auf Verfassung und eine damit verbundene grundlegende Werteordnung wird damit konterkariert und für die gegensätzliche Position in Anspruch genommen. So wird etwa mit Bezug auf das Grundgesetz behauptet, dass einige der Fragen einen unzulässigen Eingriff in die Privatsphäre der Einbürgerungswilligen (die zu wahrheitsgemäßen Antworten verpflichtet sind) darstellen. Hinzu kommen die Einwände, die mit den Bezeichnungen des Leitfadens als „Gesinnungstest" und „Muslimtest" einhergehen. Mit der Bezeichnung als „Gesinnungstest" ist die Kritik verbunden, wonach der Leitfaden der staatlichen Sanktionierung von persönlichen Meinungen dient, deren

Freiheit aber vom Grundgesetz geschützt wird. Weiter wird dem Leitfaden eine diskriminierende Funktion gegenüber Muslim_innen attestiert. Das gilt sowohl für die Anwendungskriterien als auch für die inhaltliche Ebene. Kritisiert wird also die Etablierung einer Praxis der Ungleichbehandlung aufgrund von Religionszugehörigkeit, welche dem verfassungsmäßigen Gebot der Gleichbehandlung zuwider läuft.

Die zweite Gruppe an Einwänden bezieht sich auf die Funktionalität und die Wirkung des Leitfadens, der entweder als zwecklos für die Abwehr von möglichen Gefahren oder als kontraproduktiv für die Integrationsbestrebungen betrachtet wird. Zwecklos ist der Leitfaden, so z.B. Winfried Kretschann, der die Grünen im Landtag vertritt, wenn davon ausgegangen wird, dass die Befragten, gerade wenn sie ohnehin nicht mit der fdGO konform gehen, diese vielleicht sogar angreifen wollen, keine ehrlichen Antworten abgeben werden. Der SPD-Abgeordnete Michael Bürsch beklagt zudem das Fehlen objektiver Bewertungskriterien für die abgegebenen Antworten. Darüber hinaus wird vielfach auch die Qualität der Fragestellungen bemängelt. Als kontraproduktiv wird der Leitfaden betrachtet, weil er einerseits eine institutionelle Diskriminierung gegenüber Muslim_innen darstellt, diese damit zugleich stigmatisiert und so deren Integrationsbemühungen schaden kann. Außerdem wird die Einbürgerung etwa von Sevim Dagdelen als wichtiger Teil des Integrationsprozesses betrachtet. Eine Erschwerung der Einbürgerung durch den Leitfaden könnte zu weiter rückläufigen Einbürgerungszahlen führen und so allgemein der Integration abträglich sein.

2.2.2   Rahmung durch eine Integrationsdebatte

a) Verortung der Einbürgerung im Integrationsprozess

Ein entscheidendes Merkmal der Debatten über den Gesprächsleitfaden ist die permanente Einbindung des Themas in den allgemeineren Kontext eines Diskurses über Integration. Keine der in den Debatten gehaltenen Reden kommt ohne eine Bezugnahme auf den Integrationsbegriff aus. Die Verortung der Einbürgerung am Ende des individuellen Integrationsprozesses ist dabei eine Argumentationsfigur, die sich vor allem in den Reden der CDU-Abgeordneten findet. Unter anderem, weil die

Einbürgerung staatlicherseits nur schwer wieder rückgängig gemacht werden kann, wird hier dafür argumentiert, dass Integration der Einbürgerung vorausgehen muss. Innenminister Heribert Rech interpretiert in seiner Rede im Landtag diesen Zusammenhang in Form eines dreigliedrigen Schemas. Dabei unterscheidet er „die Eingliederung, die Integration, und letztlich – als gelungenste Stufe – dann [...] die Einbürgerung". Winfried Kretschmann geht dagegen davon aus, dass die Voraussetzungen bei den Einbürgerungen wahrscheinlich ohnehin erfüllt werden. So deutet er bereits den Willen zur Einbürgerung als Indiz für die Anerkennung der „hiesige[n] Rechtsordnung und Verfassungsordnung". Wenngleich hier der normative Gehalt fehlt, wird die Einordnung der Unionsabgeordneten übernommen, wonach die Integration der Einbürgerung vorangeht. Eine deutliche Gegenposition dazu wird im Bundestag von der Linken-Abgeordneten Sevim Dagdelen vertreten, die Einbürgerung als „den ersten notwendigen Schritt in Richtung Integration" bezeichnet. Aus dieser Perspektive heraus kann sie einen durch den Leitfaden erschwerten Einbürgerungsprozess als maßgebliches Hindernis für die Integration deuten.

b) Integration

Auch von Ministerpräsident Oettinger wird der Leitfaden als Element von Integrationspolitik vorgestellt. Dazu wird Integration in der Regierungserklärung eigens definiert:

> „Integration heißt für mich nicht die völlige Aufgabe der eigenen Identität, aber sie bedeutet auch nicht ein berührungsfreies Nebeneinander unterschiedlicher Standpunkte. Integration bedeutet für uns Teilhabe am Ganzen. Teilhabe hat nicht nur sprachlich etwas mit Teilen zu tun. Wenn Integration gelingen soll, muss die Mehrheitsgesellschaft bereit sein, sich für Neues zu öffnen und ihren Platz mit Minderheiten zu teilen. Die Minderheiten müssen bereit sein, die Grundwerte der Mehrheitsgesellschaft zu teilen."

Die Vorstellung Oettingers von Integration wird also als Mittelweg zwischen zwei Extrempositionen präsentiert, von denen es sich abzugrenzen gilt. In Hinblick auf die Debatte dient die Absetzung von der ersten dieser Positionen der Abwehr von antizipierten Vorwürfen der Oppositionsparteien (SPD und Grüne) im Landtag. Die Absetzung von der zweiten verweist bereits auf einen später erfolgenden eigenen Angriff gegen die Opposition. Mit der Formulierung „bedeutet für uns" wird die grundlegende Definition eingeleitet. Alle gesellschaftlichen Gruppen, die hier in Mehrheitsgesellschaft und Minderheiten unterschieden werden, stehen in der Verantwortung, das Ihre zur Integration beizutragen. Die Aufgabe der Mehrheitsgesellschaft liegt dabei vor allem darin, die Anwesenheit der Minderheiten zu akzeptieren. Die Forderung, „sich für Neues zu öffnen", weist hier allenfalls unkonkret darüber hinaus und wird später in ähnlich unkonkreter Form wiederholt.[156] Für die Minderheiten geht die Forderung noch wesentlich weiter. Sie stehen außerdem[157] in der Verantwortung einen grundlegenden Wertekonsens zu übernehmen, welcher ausschließlich der Mehrheitsgesellschaft zugeordnet ist und damit als etwas ihnen prinzipiell Fremdes beschrieben wird. Für die Mehrheitsgesellschaft dagegen stellen die Grundwerte etwas eigenes dar. Die sprachliche Konstruktion, „Teilhabe am Ganzen", wird zwar auf beide Akteure übertragen, womit eine prinzipielle Form von Gleichheit suggeriert wird, bekommt dann aber je unterschiedliche Bedeutungen: Die Mehrheitsgesellschaft soll teilen, im Sinne von 'etwas Eigenes abgeben'. Die Minderheiten sollen teilen, im Sinne von 'etwas Fremdes annehmen'. Mit dem, was die Mehrheitsgesellschaft abgeben soll, könnten ökonomische Ressourcen, Arbeitsplätze oder ähnliches gemeint sein. Dies wird aber mit einem anschließenden Bekenntnis zum wirtschaftlichen und bevölkerungspolitischem Nutzen der Zugewanderten ausgeschlossen. Dennoch gestaltet sich die Integration, wie Oettinger fortführt, schwierig:

> „Heute leben in Baden-Württemberg 1,2 Millionen Menschen, die nicht die deutsche Staatsangehörigkeit besitzen. Das sind etwa 12 % unserer Bevölkerung. In den Ballungsräumen sind es bis zu 20 %, in Stuttgart sogar fast 25 %. Jedes zehnte Kind, das in Baden-Württemberg geboren wird, hat muslimische Eltern. Allein diese Zahlen zeigen, wie groß die Herausforderung der Integration für alle geworden ist. Dieser Aufgabe müssen sich nicht nur die Zuwanderer, sondern auch wir, die Mehrheitsgesellschaft, stellen [sic!]."

Allein die Größe der genannten Zahlen („sogar") dient als primärer Aufriss einer Problemstellung, die „alle" betrifft. Als Indikatoren für die Schwierigkeit der Integration dienen sowohl ein hoher Anteil von Einwohner_innen ohne deutsche Staatsbürgerschaft als auch die Anzahl von Kindern mit muslimischen Eltern. Auch diese sind – im Sinne des dualen Schemas aus Mehrheit und Minderheiten – den Minderheiten zugeordnet. Durch den Verweis auf die Religionszugehörigkeit erfolgt

---

156 Konkret bestimmt werden lediglich die Aufgaben der Politik in diesem Kontext.
157 Dass die schiere Anwesenheit der Mehrheitsgesellschaft umgekehrt dafür auch akzeptiert werden müsste, scheint selbstverständlich zu sein, da es nicht expliziert wird.

eine Zuordnung des Islam in den Immigrationskontext und in die Problemkonstellation. Anstelle von Minderheiten wird nun der konkretere Begriff „Zuwanderer"
verwendet. Zugleich erfolgt eine Identifikation mit der Mehrheitsgesellschaft,
während „die Zuwanderer" in der dritten Person und damit im Objektstatus
verbleiben.

Integration kann gelingen oder scheitern. Auch wenn erneut auf die Rolle der
Mehrheitsgesellschaft bei der Integration verwiesen wird, wird der (Miss-) Erfolg der
Integration im Weiteren ausschließlich an den Zugewanderten sichtbar gemacht,
während die Mehrheitsgesellschaft dabei allenfalls noch als Referenzsystem ins
Blickfeld gerät. Für die Darstellung gelungener Integration spielt der Alltag der
Zugewanderten eine wichtige Rolle:

> „Sie pflegen gute Kontakte zur Nachbarschaft und am Arbeitsplatz. Einige haben
> erfolgreich Unternehmen gegründet. Viele haben Anschluss an das örtliche Vereinsleben
> gefunden. Trotz mancher Schwierigkeiten und Spannungen ist es ihnen im Alltagsleben
> gelungen, die Kultur ihrer Heimat mit der unseren zu verbinden."

Gut integrierte Migrant_innen zeichnen sich also durch guten Umgang mit einem als
nicht-muslimisch bzw. nicht-migrantisch gedachten[158] sozialen Umfeld aus. Auch
wirtschaftlicher Erfolg sowie Engagement in Vereinen werden hier als relevante
Kriterien genannt. Es geht also vorwiegend um Formen der sozialstrukturellen
Einbindung in die Mehrheitsgesellschaft. Die Forderung nach einer Übernahmen von
Werten findet in dieser Beschreibung dagegen keinen expliziten Widerhall. Lediglich
auf den nun in die Rede eingebrachten Begriff der Kultur ließen sich diese
projizieren. Kultur wird hier als vages Kriterium benutzt, das eine prinzipielle
Verschiedenheit der Zugewanderten von der Mehrheitsgesellschaft zum Ausdruck
bringt. Die Kultur der Zugewanderten verweist auf deren ethnische Herkunft. Sie ist
„die Kultur ihrer Heimat" und damit nicht nur klar von der der Mehrheitsgesellschaft
zu unterscheiden, sondern steht ihr darüber hinaus als etwas Externes bzw. von
außerhalb Kommendes gegenüber. Die Migrierten müssen diese Kultur im Rahmen
der Integration nicht gänzlich aufgeben. Jedoch stellt sie offenbar ein Hindernis dar,
dessen Überwindung den Zugewanderten im Alltag gelingen muss. Die Werte der
Mehrheitsgesellschaft treten dann stärker ins Blickfeld, wenn Oettinger von
gescheiterter Integration spricht. Nicht integrierte Zugewanderte bieten dabei eine
Negativfolie:

---

158 Dies wird besonders im Folgekapitel zu Parallelgesellschaften deutlich.

„Ich denke an Kinder, die an Ausflügen und bestimmten Schulveranstaltungen nicht teilnehmen können. Ich denke an Trends und Tendenzen des religiösen Fundamentalismus. Und ich denke auch an die Debatte über das islamische Kopftuch. Dieses Kopftuch ist eben nicht nur ein religiös oder traditionell geprägtes Kleidungsstück. Mit ihm werden oft auch politische Signale ausgesandt. Und eines dieser Signale lautet: Als Frauen dürft ihr nicht eigenständig und selbstbewusst auftreten. Ihr müsst euch dem Willen eurer Väter und Männer unterwerfen. Ihr müsst euch vor der Welt verstecken. – Genau das aber, die Trennung zwischen einem 'guten' Innenraum und einer vermeintlich 'bösen' Außenwelt, gegen die man sich abgrenzen muss, ist das Gegenteil von Integration."

Gescheiterte Integration ist somit unmittelbar verbunden mit Abschottung gegen die Außenwelt bzw. dem Abgeschottetwerden von Frauen und Kindern unter den Migrierten. Außenwelt bezieht sich dabei nicht unbedingt generell auf die Öffentlichkeit (gegenüber dem Privaten im Falle der unterdrückten Frauen), sondern meint im Falle der Kinder spezifischer eine nicht-migrantische Öffentlichkeit, für welche die allgemeine Institution der Schule steht. Die Distanzierung von der Mehrheitsgesellschaft geht zugleich mit äußerst negativen Konsequenzen für zumindest einige der Zugewanderten einher. Kinder können an schulischen Veranstaltungen nicht teilnehmen. Frauen werden unterdrückt und generell ihrer Bewegungsfreiheit beraubt. Aufrechterhalten wird die Trennung von der Mehrheitsgesellschaft praktisch durch informelle soziale Zwänge innerhalb der Gruppe der Zugewanderten. Die entscheidende („genau das") Motivation zur Distanzierung liefert eine Fehleinschätzung („vermeintlich") bei der Bewertung ihrer eigenen Gemeinschaft im Verhältnis deren Äußerem. Hierbei kommt eine radikale Zweiteilung der Welt in einen guten und einen bösen Teil zum Tragen. Die Unterscheidung in Gutes und Böses deutet ein enorm vereinfachtes Weltbild an und verweist zugleich auf einen irrationalen Charakter der Ablehnung des Äußeren. Andererseits verweist gerade die Verwendung von „böse" als Gegenpart zu „gut" auf eine religiöse Deutung der Distanzierungsintention.[159] Das Bild von den desintegrierten Migrierten weist hier also im Wesentlichen hierarchische und irrationale Züge auf. Erklärbar werden die Neigungen zur Abwendung von der Mehrheitsgesellschaft darüber hinaus – wo bzw. falls überhaupt – lediglich über die Nennung des „religiösen Fundamentalismus" sowie des Islam. Insofern wird eine religiöse Deutung des Gegensatzes zwischen Gutem und Bösem äußerst nahegelegt.

---

159 Der Gegensatz zwischen Gut und Böse ist nicht ausschließlich religiös konnotiert. Jedoch hätte auch die Rede von einer schlechten, minderwertigen oder feindseligen Außenwelt sein können. Dann würden andere Deutungen näher liegen.

Wenn Integration auf der Seite der Migrierten definiert ist durch die Übernahme der grundlegenden Werte der Mehrheitsgesellschaft und Abschottung gegen diese als „das Gegenteil von Integration" bezeichnet wird, kann daraus geschlossen werden, dass ein Nicht-Teilen der Werte und die Abschottung praktisch untrennbar voneinander auftreten. Im Gegensatz dazu wird die sozialstrukturelle Einbindung der Migrierten in die Mehrheitsgesellschaft als wesentliches Merkmal gelungener Integration beschrieben, während diese zugleich abstrakt durch die Übernahme von den Werten der Mehrheitsgesellschaft definiert ist. Auch hier fallen zwei theoretisch voneinander trennbare Dimensionen von Integration, nämlich eine die Sozialstruktur und eine die Werteordnung betreffende, zusammen.

Der Islam spielt für Oettinger bei der Integration eine wichtige und zugleich problematische Rolle:

> „Von einer Stigmatisierung von Muslimen kann keine Rede sein. Allerdings müssen wir auch sehen, dass ein beträchtlicher Teil der Einbürgerungswilligen aus islamisch geprägten Ländern stammt. Etwa 60 % stammen aus Ländern, die islamisch geprägt sind. Nach einer Umfrage des Islam-Archivs, also einer völlig unverdächtigen Quelle, vertreten über 20 % der in Deutschland lebenden Muslime die Auffassung, dass unser Grundgesetz mit dem Koran nicht vereinbar sei. Das Zentrum für Türkeistudien hat ermittelt, dass 47 % der türkischstämmigen Migranten die Sorge haben, sie würden sich zu stark an Deutschland und die Deutschen anpassen. Diese Zahlen machen doch deutlich, dass hier ein Prüfungsauftrag vor der Einbürgerung berechtigt und notwendig ist."

Der Leitfaden wird hier über die Eigenschaften einer muslimischen Gruppe begründet. Bemerkenswert an dieser Argumentation ist zunächst der offenbar fehlende Erklärungsbedarf der Aussagekraft der genannten Zahlen. Denkbar wäre, dass etwa säkulare Muslim_innen in die Kategorie dieser 20% fallen, die, einer solchen Einschätzung folgend, nicht etwa das Grundgesetz, sondern den Koran (zumindest partiell) ablehnen, was dann so gesehen begrüßenswert wäre. Was Oettinger nicht erklärt ist, inwiefern sich aus dieser angenommenen Unvereinbarkeit auch die ablehnenden Haltungen gegenüber dem Grundgesetz ableiten lassen, die in der Schlussfolgerung vorausgesetzt werden. Auch sich „zu stark" an die Deutschen anpassende Migrant_innen könnten theoretisch als wünschenswert betrachtet und damit die Sorge der „türkischstämmigen Migranten" als Indiz für einen hohen Integrationsgrad dieser Gruppe gedeutet werden. Die Probleme, die diese Zahlen belegen sollen, nämlich eine mangelnde Akzeptanz des Grundgesetzes und eine mangelnde Anpassung an die deutsche Mehrheitsgesellschaft, werden ihnen bereits implizit vorausgesetzt. So betrachtet werden in dieser Passage nur vordergründig neue Erkenntnisse über die erwähnten Gruppen geltend gemacht. Vor allem verweist sie auf nicht notwendigerweise zu explizierendes Vorwissen, welches die erwünschte (scheinbar eindeutige) Interpretation erst ermöglicht: Der Islam[160] steht der Anerkennung des Grundgesetzes im Weg und aus der Türkei immigrierte Menschen sind schlecht integriert, was ebenfalls auf eine mangelnde Akzeptanz des Grundgesetzes hindeutet. Zugleich wird die Türkei den „Ländern, die islamisch geprägt sind" zugerechnet[161], womit der Islam auch für die ethnisch definierte Gruppe zum entscheidenden Merkmal wird. Die erste Gruppe wird dabei nicht nur als muslimisch bezeichnet. Sie wird auch über den Koran charakterisiert: Nur wenn bereits im Vorhinein davon ausgegangen wird, dass für die muslimische Gruppe der Koran mindestens so bedeutend wie das Grundgesetz ist, kann die angenommene Unvereinbarkeit überhaupt erst ein Problem darstellen. Nur so kann „unser Grundgesetz" letztlich 'ihrem' Koran gegenübergestellt werden.

Weiter muss erwähnt werden, dass keine auf die Mehrheitsgesellschaft bezogene Vergleichsgruppe genannt wird. Das Argument ist also nicht etwa eines, das von einem höheren Anteil das Grundgesetz ablehnender Muslim_innen ausgeht als bei (nicht-muslimischen) Deutschen, woraufhin ein niedrigerer Anteil von Muslim_innen unter den Deutschen anzustreben wäre. Dass vergleichbare Haltungen auch bei nicht-muslimischen Personen vorkommen könnten, wird hier nicht erwogen.

Mit der Beschreibung des Islam-Archivs als einer „unverdächtigen Quelle" präsentiert sich Oettingers außerordentlich defensiv. Eigentlich müsste die Rede von einer z.B. seriösen oder glaubwürdigen Quelle sein. Mit Oettingers Formulierung scheint indes weniger ein Vorwurf der Unglaubwürdigkeit als vielmehr einer der Kriminalität im Raum zu stehen.[162]

Der Imperativ zur Integration wird auch über die Interessen der Zugewanderten begründet. So schaden diese sich durch fehlende Integration laut dem Baden-Württembergischen FDP-Fraktionsvorsitzenden Ulrich Noll in erster Linie selbst:

„Da ist für mich durchaus klar, dass man einmal hinterfragen darf, ob nicht Chancen gerade für die junge Generation massiv behindert werden, wenn zum Beispiel die Eltern ihren Kindern verbieten, am Sport-, Schwimm- oder Biologieunterricht teilzunehmen. Es ist nicht akzeptabel, wenn Kinder nicht an Schulausflügen teilnehmen. Ein solcher durch die Eltern

---

160 Die genannte Gruppe ist regional auf Deutschland eingegrenzt, aber sonst ausschließlich über Religionszugehörigkeit bestimmt.
161 Nur so dürften sich die „60%" erklären lassen.
162 Der Kriminalität kann man verdächtig sein, nicht aber der Unglaubwürdigkeit.

verordneter Rückzug schadet der Integration der Kinder und führt zu deren Abschottung und Isolation. Die Integrationsdefizite und die schlimmen Fälle wie Zwangsehen, Terrorismus oder Ehrenmorde sind die eine Seite, die wir selbstverständlich im Auge behalten müssen. Aber die breiten Probleme bilden doch diejenigen Fälle, die durch das Fehlen von Bildungsabschlüssen und die damit vorprogrammierte Arbeitslosigkeit vorherbestimmt sind."

Noll nimmt wie Oettinger eine sehr defensive Position ein, wenn feststellt, dass er etwas „hinterfragen darf" und damit impliziert, dass es nicht selbstverständlich erlaubt ist, letztlich verboten sein könnte. Die Formulierung suggeriert ein Tabu. Fehlende sozialstrukturelle Integration (in Bildungswesen und Arbeitsmarkt) tritt bei Noll als Folge der (unbegründeten) Distanzierungsintention der Migrierten auf, welche über soziale Zwänge durchgesetzt wird. Noll setzt sich dabei von der Einschätzung, nach der eine fehlende Anerkennung des Rechtswesens ein Hauptproblem mangelnder Integration darstellt, wie sie etwa von Oettinger vertreten wird, ab. Stattdessen betont er mit der Arbeitslosigkeit eine ökonomische Komponente. Es ist bemerkenswert, dass diese im Kontext der Integrationsdebatte zwar eine Rolle spielt, dabei aber nicht in die eigentliche Problembeschreibung integriert wird. Sie stellt hier ein Folgeproblem der Distanzierung dar. Als ursächliches Integrationshemmnis bleibt eine religiös-kulturell bestimmte Andersartigkeit der Zugewanderten und deren Weigerung, sich anzupassen, bestehen. Dagegen sind die hier genannten „schlimmen Fälle" eben nicht als Folgeprobleme zu verstehen, sondern dienen als Ausdruck dieser (noch) nicht abgelegten Andersartigkeit. Weil im Kontext eigentlich nur von sozialstruktureller Integration die Rede ist, lässt gerade die Erwähnung von Terrorismus unter der Kategorie der „Integrationsdefizite" darauf schließen, dass auch hier sozialstrukturelle Integration und die Übernahme der Werteordnung zusammengedacht werden. Dieser Zusammenhang wird auch in der Rede des SPD-Abgeordneten Michael Bürsch artikuliert:

„In den letzten fünf Jahrzehnten haben wir gemerkt, dass Parallelgesellschaften nicht funktionieren. Auch der Ansatz "Multikulti" hat seine Schwächen und hilft uns bei der Integration nicht weiter. Was aber noch weniger funktioniert [...] ist das Modell Assimilation, also Unterordnung der Einwanderer unter als Geduldete des Gaststaates. [...] Integration ist nach dem Verständnis der SPD ein **Zweibahnprojekt** [Hervorhebung im Original] und keine Einbahnstraße. Beide Seiten bewegen sich aufeinander zu. Die Voraussetzungen, die man dafür braucht sind Wertschätzung, Anerkennung, Akzeptanz und Toleranz. Neben diesen Elementen sind Beteiligungsmöglichkeiten der entscheidende Punkt dafür, ob uns die Integration gelingt. [...] Das ist der Schlüssel dazu, dass wir zueinander kommen und dass Menschen hier wirklich eine Heimat finden und das Grundgesetz so annehmen wie wir es erwarten können. Teilhabe und Partizipation sind also der Schlüssel."

Ähnlich wie Oettinger präsentiert auch Bürsch seine Haltung als vernünftigen Kompromiss zwischen zwei Extrempositionen. Mit dem Verweis auf Parallelgesellschaften setzt er sich vom Multikulturalismus ab. Auf der anderen Seite möchte auch er die Zugewanderten nicht zur Assimilation verpflichten und damit hierarchisch unterordnen. Wesentlich konkreter als Oettinger bezieht er allerdings die Mehrheitsgesellschaft in die Verantwortung mit ein. Sie soll nicht nur die schiere Anwesenheit der Zugewanderten akzeptieren, sondern sich darüber hinaus auf diese zubewegen. Darüber hinaus werden Beteiligungsmöglichkeiten für die Zugewanderten gefordert, die überhaupt erst den „Schlüssel", also die Vorbedingung der Integration, darstellen. Integration wird somit auch nicht als Forderung, sondern als Zielvorstellung dargestellt. Die bezieht sich dann zugleich auf das Zusammenkommen von beiden Seiten, was die Ebene der sozialstrukturellen Integration abdecken müsste, und auf die Akzeptanz der Verfassung durch die Zugewanderten.

c) Parallelgesellschaften als Gegenbild zur Mehrheitsgesellschaft

Das Bild eines Teils der Migrierten, die unter sich bleiben und sich institutioneller wie allgemein gesellschaftlicher Einbindung in die Mehrheitsgesellschaft versagen, verdichtet sich schließlich in Oettingers Beschreibung von Parallelgesellschaften:

> „Anders als uns die linke Multikulti-Ideologie glauben machen will, sind Parallelgesellschaften keineswegs gleichbedeutend mit kultureller Vielfalt. Das Gegenteil ist der Fall: Wer nur unter seinesgleichen bleibt, erfährt nicht Pluralismus, sondern Uniformität. Wer die Begegnung mit anderen scheut, gewinnt nicht an Selbstbewusstsein, sondern wird für Vorurteile und Feindbilder empfänglich. Parallelgesellschaften können sich zum Nährboden für Gewalt und Extremismus entwickeln. Und sie bergen einen enormen sozialen Sprengstoff. Wenn junge Menschen mitten in Deutschland nur die Traditionen ihrer Herkunftsländer und ihrer Eltern kennen lernen, dann tun sie sich später mit der Anerkennung unserer Kultur und unserer Rechtsordnung schwer. Wenn sie in einer Struktur der patriarchalischen [sic!] Gesellschaft aufwachsen, dann werden sie später nur schwer Verständnis für die Gleichberechtigung von Frau und Mann entwickeln können."

Die Realität der Parallelgesellschaften steht in direktem Widerspruch zu den Inhalten einer „Multikulti-Ideologie", die diese mit realitätsfernen Argumenten zu legitimieren trachtet. Ein Bekenntnis zum Multikulturalismus, also einer Position, die kulturelle Differenz als grundsätzlich schützenswert betrachtet, wird damit als zugleich hochproblematische wie kontrafaktische Realitätsblindheit diskreditiert. Die Schlagkraft des Begriffs der Parallelgesellschaften ermöglicht es Oettinger, direkt zum Angriff auf eine mögliche Stoßrichtung oppositioneller Kritik überzugehen, nämlich einem Plädoyer für Toleranz gegenüber den Migrierten oder dem Islam. Es erfolgt in den Debatten indes keine positive Bezugnahme auf den Multikulturalismus, aber auch nicht auf vergleichbare Konzepte, mit denen ein positiver Bezug zu kultureller Vielfalt herzustellen wäre, etwa der Transkulturalität[163], die Kulturen als fließend ineinander übergehend beschreibt. Die Tatsache, dass erstens kein Plädoyer für Toleranz (außer bei Ekin Deligöz) in die Debatte Eingang findet, zweitens der Vorwurf eines realitätsblinden Multikulturalismus trotzdem in den Debatten mehrfach auftaucht (z.B. auch von dem im Bundestag gegen den Leitfaden argumentierenden FDP-Abgeordneten Hartfrid Wolff), kann auf eine von den Abgeordneten angenommene hohe Öffentlichkeitswirksamkeit dieses Vorwurfs hindeuten, der zugleich eine ideologische Verortung impliziert.

Parallelgesellschaften werden von Oettinger als hochgradig homogen vorgestellt. Der Begriff „Uniformität" suggeriert zunächst eine Unterordnung von Individualität unter eine kollektive Funktion. Diese wird hier aber nicht zwangsläufig bewusst gewählt, sondern ist bereits Konsequenz der Distanzierung von dem Äußeren. Oettingers Argument fußt dabei auf einer Tautologie: Die angenommene Homogenität einer Gruppe („seinesgleichen") wird als Begründung für die in ihr erfahrene Homogenität genutzt. Ähnlich wird das Entstehen von Aversionen („Vorurteile und Feindbilder") gegenüber dem Äußerem bereits durch eine Neigung zur Distanzierung erklärt, die diese genauso gut voraussetzen könnte. In Oettingers zuvor zitierter Beschreibung gescheiterter Integration war dies der Fall. Die Aussage, nach der eine patriarchale[164] Gesellschaft die Anerkennung einer anti-patriarchalen Norm (der Gleichberechtigung) erschwert, funktioniert ebenfalls quasi tautologisch. Auch wird hier eine letztlich nicht begründete Zuschreibung geltend gemacht. Die bloße Kennzeichnung der Parallelgesellschaften als patriarchal impliziert zudem keinerlei Verhältnismäßigkeit und lässt die Mehrheitssegelschaft bereits per se als nicht-patriarchale Alternative erscheinen. Die Norm der Gleichberechtigung steht zudem als Wert bzw.

---

163 Wolfgang Welsch, *Transculturality: The Puzzling Form of Cultures Today* in: Mike Featherstone/ Scott Lash (Hg.): *Spaces of Culture: City, Nation, World* (London: Sage, 1999), S. 194-213

164 Mit der „patriarchalischen Gesellschaft" muss eine patriarchale gemeint sein.

Forderung auf der Seite der Mehrheitsgesellschaft, während sich die patriarchal geprägte Minderheit dazu inkompatibel verhält. Das Patriarchat der Parallelgesellschaften bildet damit ein wesensmäßiges Kriterium dieser – und eine dichotome Trennlinie zur Mehrheitsgesellschaft.

Die Dichotomie der Gegenüberstellung wird zugleich betont, indem die innere Struktur der Parallelgesellschaften als ausschließlich traditionell (bezogen auf die „Herkunftsländer") beschrieben und nicht z.b. über die Bedingungen der Migration oder den bundesdeutschen Kontext erklärt wird. Der Ort der Parallelgesellschaften, nämlich Deutschland, ist für ihre innere Struktur scheinbar irrelevant. In der direkten Gegenüberstellung von Menschen, die „mitten in Deutschland" allerdings „nur die Traditionen ihrer Herkunftsländer [...] kennen lernen", als 'scheinbare' contradictio in adiecto und zugleich Beschreibung 'realer' Verhältnisse wird ein Problem beschrieben, das es eigentlich oder theoretisch nicht geben kann. Dieser Widerspruch, der die Annahme in Frage stellen könnte, lässt stattdessen die Folgerung (weil auch die Andersartigkeit der „Traditionen" bereits impliziert ist) als selbstevident erscheinen. Zugleich suggeriert die Formulierung einen Skandal. Das Wort „mitten" steht nicht in Einklang mit der formalen Aussage des Satzes. Für die spielt es eigentlich keine Rolle, *wo* nur die entsprechenden Traditionen kennengelernt werden. Es betont ausschließlich den Widerspruch in der Annahme. Dieser Widerspruch wird somit selbst zu einer Aussage. Diese mit 'es kann nicht sein' umschreibbare Aussage müsste verstanden werden als 'es ist so und darf nicht so sein'.

Mit dieser radikalen Abgrenzung wird auch eine kausale Grenze gegenüber der Mehrheitsgesellschaft etabliert: Parallelgesellschaften sind gewissermaßen nicht Teil deutscher Verhältnisse (oder Konsequenz dieser), sondern Fortsetzung auswärtiger Verhältnisse auf deutschem Boden, ein inneres Ausland.[165] Zugleich wird in der Beschreibung die im Begriff enthaltene geometrische Metaphorik realisiert. Parallelität impliziert das Fehlen von Schnittmengen oder Schnittpunkten. Die Gefahr, die von Parallelgesellschaften aber für die ganze Gesellschaft ausgeht, bezeichnet Oettinger äußerst drastisch als „enormen sozialen Sprengstoff".

Parallelgesellschaften werden in der Debatte so ausschließlich mit Phänomenen assoziiert, die es aus Sicht der Mehrheitsgesellschaft abzulehnen und gegebenenfalls zu sanktionieren gilt. Insbesondere werden sie in Verbindung mit Extremismus, (ausschließlich islamistisch motivierten) Terroranschlägen, wie denen vom 11. September (Heribert Rech), der „Entstehung rechtsfreier Räume" (Oettinger) oder

---

165 Eine mögliche Zweideutigkeit der Begriffswahl ist rein zufällig und nicht intendiert.

einer Gefährdung des inneren Friedens (Clemens Binninger) gebracht. Der FDP-Bundestagsabgeordnete Hartfrid Wolff benennt die „Integration von Ausländern" als „eine der wichtigsten Fragen, mit denen sich eine freiheitliche Gesellschaft auseinander setzen muss". Als Begründung dafür genügt es ihm, auf den „Mord an Theo van Gogh in den Niederlanden oder jüngst die Vorstadtkrawalle in Frankreich" zu verweisen. Es ist dabei naheliegend, Wolff so zu verstehen, dass Integration nicht eine spezifische Aufgabe nur freiheitlicher Gesellschaften ist, sondern gescheiterte Integration spezifisch deren freiheitlichen Charakter bedroht. Nicht integrierte Zugewanderte können somit, vor allem, wenn sie in den Kollektiven der Parallelgesellschaften verortet werden, eine physische Bedrohung für Angehörige der Mehrheitsgesellschaft und eine Bedrohung für die Demokratie im Allgemeinem darstellen.

Fast ausschließlich die Abgeordneten von CDU und FDP verwenden den Begriff der Parallelgesellschaften als Beschreibung von Verhältnissen oder Drohkulissen in ihren Argumentationen. Abgeordnete der anderen Parteien äußern sich demgegenüber allerdings nicht prinzipiell ablehnend, sondern eher verhalten zustimmend. So wendet sich etwa der Fraktionsvorsitzende der Grünen im Baden-Württembergischen Landtag, Winfried Kretschmann, nur vordergründig kritisch gegen den Begriff in Oettingers Regierungserklärung:

> „Herr Ministerpräsident, im Zusammenhang mit Einbürgerung noch Polemiken von Parallelgesellschaften gegen uns aufzufahren, ist schon ein starkes Stück, nachdem Sie sich jahrzehntelang geweigert haben, Deutschland als Einwandererland anzuerkennen und rechtzeitig die integrationspolitischen Voraussetzungen zu schaffen. Die Schwierigkeiten, die wir heute haben, kommen daher, dass Sie jahrzehntelang nichts gemacht haben und erst jetzt auf den Trichter gekommen sind, nachdem es schon an vielen Ecken brennt. Das ist die Wahrheit!"

Wenn Kretschmann Oettingers Aussagen über Parallelgesellschaften als Polemiken interpretiert, verlagert er die Debatte auf eine Metaebene. Indem die Polemiken 'aufgefahren' werden, stehen Parallelgesellschaften nicht mehr als Beschreibung gesellschaftlicher Verhältnisse, sondern werden als Mittel gewertet, sich offensiv in der Debatte zu positionieren. Dabei stellen sie einen Angriff auf die eigene („gegen uns") politische Position dar. Der wird mit einer Schuldzuweisung gekontert, welche die Unangemessenheit dieses Angriffs begründet. Nachdem Oettinger den Anhänger_innen eines Multikulturalismus blinde Toleranz vorwirft, die die Intervention von Seiten der Politik erst gar nicht als Option aufkommen lässt, gibt nun Kretschmann der Unionspolitik die Schuld an den „Schwierigkeiten". In beiden Fällen wird Verantwortung bei einer Politik verortet, die nicht oder zu wenig ins Geschehen eingreift bzw. eingriff. Wenn Kretschmann in der Problembeschreibung Parallelgesellschaften mit „Schwierigkeiten, die wir heute haben" ersetzt, wählt er dabei eine vieldeutigere Formulierung. Er gesteht damit Oettingers Beschreibung einen gewissen Realitätsbezug zu, ohne sie aber in größerem Umfang anerkennen zu müssen. Dabei vermeidet er es allerdings auch eine alternative oder abweichende Einschätzung zu artikulieren. Indem Kretschmann feststellt, dass es „schon an vielen Ecken brennt" benennt er schließlich eine zwar unklare, aber ebenfalls deutliche Bedrohung.

2.2.3 Binäre Islamdarstellungen

a) Begründung des Leitfadens durch ein binäres Schema

Besonders in den befürwortenden Reden zum Leitfaden wird geradezu akribisch darauf geachtet, Verallgemeinerungen in Bezug auf den Islam oder die Immigrierten zu vermeiden und dabei durchgängig Formulierungen nach dem Schema 'nicht nur aber eben auch' zu verwenden. Hierbei wird auch für die Darstellung der Gruppe der Muslim_innen durchgängig ein binäres Schema angewendet, innerhalb dessen eine Mehrheit, die integriert und unproblematisch ist, einer Minderheit gegenübersteht, welche sich selbst abgrenzt, die Werte der Mehrheitsgesellschaft nicht akzeptiert und von der zugleich ein Bedrohungspotential ausgeht. So erklärt etwa Heribert Rech im Bundestag:

> „Die überwiegende Mehrzahl der bei uns lebenden Muslime ist gesetzes- und verfassungstreu. Sie werden – in Baden-Württemberg wie anderswo – problemlos eingebürgert, wenn die rechtlichen Voraussetzungen vorliegen. Wir dürfen aber nicht ausblenden, dass es bei Angehörigen islamischer Staaten Strömungen gibt, die nicht mit den Werten des Grundgesetzes und unserer freiheitlich demokratischen Grundordnung in Einklang stehen. Wer dies leugnet, verkennt die Ereignisse des 11. September 2001 in New York und die Anschläge von Madrid und London mit ihren Tausenden von Opfern. Zu den zentralen Botschaften des 11. September gehört, dass wir die Entstehung und Verfestigung von Parallelgesellschaften verhindern müssen."

Die Gruppe der in Deutschland lebenden Muslim_innen wird hier in zwei Kategorien eingeteilt. Gemein ist beiden Teilgruppen zunächst lediglich, dass sie in einem Migrationskontext verortet werden. Darauf verweist bei der ersten Teilgruppe die Einordnung als Fremdgruppe („der bei uns lebenden Muslime") sowie die Einbürgerungsthematik. Bei der zweiten Teilgruppe ist dann nur noch von „Angehörigen islamischer Staaten" die Rede, wenngleich die fehlende Konformität zu Verfassung und fdGO entpersonalisiert nur unbestimmten „Strömungen" zugeordnet wird. Der Gegensatz, der das Verhältnis der Teilgruppen zueinander ausmacht, ist ein dichotomer: Die Muslim_innen sind entweder „gesetzes- und verfassungstreu" sowie prinzipiell einbürgerungstauglich oder sie gehen nicht konform mit Verfassungswerten und fdGO. Die Gegensätze verweisen aufeinander. Die Nennung einer das Rechtssystem anerkennenden Mehrheit impliziert bereits eine Minderheit, bei der ebendies dann nicht der Fall sein kann. Da das eigentliche Argument sich, umgekehrt, auf eine verfassungsinkompatible Minderheit stützt, wäre die Erwähnung der kompatiblen Mehrheit eigentlich unnötig. Die explizite Bezugnahme auf diese dient entweder der Betonung des Mehrheiten-Minderheiten-Verhältnisses oder der Negation eines (ohnehin nicht vorhandenen) verallgemeinernden Gehalts der Aussage über die Minderheit. Die verfassungskonforme Teilgruppe ist damit nicht als 'eigentlicher' Gegenstand der Aussage zu verstehen, sondern eher als rhetorisch-argumentative Figur.

Rechs Aussage enthält keine positive Verortung der Rolle des Islam, da die Erwähnung der konformen (neben der nicht konformen) Teilgruppe allenfalls eine neutrale Rolle andeuten kann. Zweitens wird hier die nicht konforme Teilgruppe betont, die gerade für den Islam relevant zu sein scheint und dabei andere Gruppen (innerhalb derer es ebenfalls solche Minderheiten geben könnte) von einer solchen Zuschreibung tendenziell freispricht.[166] Wenn der Islam zur Kennzeichnung einer Gruppe genutzt wird, die sich durch teilweise Unvereinbarkeit mit der allgemeinen Rechtsordnung von anderen Gruppen unterscheidet, dann muss hierin auch der ausschlaggebende Faktor dieser Unvereinbarkeit gesehen werden. Die teilweise Inkompatibilität tritt als besonderes Merkmal der muslimischen Gruppe auf. Die von Rech beschriebene Funktion des Islam kann somit insgesamt als negative gewertet werden.

Mit dem abschließenden Verweis auf die fatale Rolle von Parallelgesellschaften, die hier mit (islamistischem) Terrorismus assoziiert werden, wird die Aussage in den

---

[166] Gäbe es vielerorts oder überall verfassungsinkompatible Minderheiten, schiene die Fokussierung auf den Islam unangebracht.

Integrationskontext eingebettet. Parallelgesellschaften markieren einen nicht integrierten Islam. Rech stellt zwar keinen expliziten kausalen Zusammenhang zwischen Parallelgesellschaften und Terrorismus her, legt diesen aber sehr nahe. Integration als Prozess, der sich gegen die Existenz von Parallelgesellschaften richtet, wird das Potential unterstellt, Terrorismus verhindern zu können. Die Aussage ähnelt damit der von Ulrich Noll, welcher Terror unter der Kategorie „Integrationsdefizite" fasst. Die Unterscheidung zwischen integriertem und nicht integriertem Islam entspricht zudem formal und inhaltlich weitgehend der zwischen Mehrheitsgesellschaft und Parallelgesellschaft.

b) Kritik am Islambild durch ein binäres Schema

Die Konstruktion einer dichotomen Gegenüberstellung von einer Gruppe unter den Muslim_innen und der Mehrheitsgesellschaft wird auch von den Gegner_innen des Gesprächsleitfadens entweder prinzipiell akzeptiert oder aber nicht thematisiert. Jedoch lassen sich zwei Varianten in den Argumentationen erkennen, die sich gegen dieses Schema wenden (können), nämlich Kritik an der Mehrheitsgesellschaft und Kritik am Islambild, das mit dem Leitfaden assoziiert wird. Letztere wird besonders scharf vom SPD-Bundestagsabgeordneten Michael Bürsch vorgetragen:

> „Die Fragen offenbaren ein klischeehaftes Welt- und Menschenbild über Muslime. Sie spiegeln platte Vorurteile gegen Muslime wieder. Sie sind von einer Misstrauenskultur gegen die Menschen geprägt, die zu uns kommen."

Bürsch behauptet hier, dass die Fragen nicht nur formell an Muslim_innen gerichtet sind, sondern sich auch inhaltlich auf den Islam beziehen (sollen), wenngleich das mit ihnen verbundene Islambild abgelehnt wird. Durch die Beschreibung als klischeehaft wird der den Fragen inhärente Bezug auf den Islam als offenkundiger und keineswegs subtiler beschrieben. Jedoch verzichtet Bürsch darauf, dem als (zu) negativ gekennzeichneten Islambild ein alternatives gegenüberzustellen. Er deutet damit auch nicht an, wo oder wie genau das stereotype Islambild an der Realität scheitert. Das eigentlich relevante Islambild der Debatten, welches in der Gegenüberstellung von integrierten, verfassungskonformen Muslim_innen und solchen, die sich der Integration gänzlich verweigern, entsteht, wird von dieser Kritik nicht berührt. Ohne Überleitung spricht Bürsch anschließend nicht mehr von Muslim_innen, sondern von „Menschen, die zu uns kommen". Die Passage ist somit zugleich repräsentativ für die geringe Differenzierung zwischen Muslim_innen und Migrant_innen in den Debatten. Obwohl der Gesprächsleitfaden wesentlich als diskriminierend gegenüber Muslim_innen und nicht Migrant_innen im Allgemeinen kritisiert wird, werden die Begriffe weitgehend quasi äquivalent verwendet. Das gilt sowohl für die kritischen Redebeiträge als auch für diejenigen, die den Leitfaden verteidigen. Islam bleibt damit konsequent an Migration gekoppelt. Die beschriebenen, mit Migration und Integration verbundenen Phänomene werden nicht ausschließlich und oft nicht explizit in Verbindung mit Islam gesetzt. Über Islam wird aber auch nicht abseits des Migrationskontextes gesprochen. Auch Ekin Deligöz kritisiert am Leitfaden zugleich eine Diskriminierung von Muslim_innen wie von Migrant_innen:

> „Mich stört sehr, wenn Sie den Islam mit Fundamentalismus und Gewaltbereitschaft gleichsetzen. Es gibt aufgeklärte Muslime in diesem Land, auch wenn Sie es nicht wahrhaben wollen. Sie dürfen uns, die aufgeklärten Muslime, nicht in einen Topf mit Fundamentalisten und Gewaltbereiten werfen. [...] Unsere Verfassung anzuerkennen bedeutet auch, zu tolerieren, zu respektieren und zuzulassen. Sie gilt für mich als eingebürgerte Person genauso wie für einen gebürtigen Deutschen."

Im zweiten Teil dieses Zitats bezeichnet sich Deligöz nicht mehr als Muslimin, sondern als „eingebürgerte Person". Sie knüpft damit an ihre bereits zuvor formulierte Kritik an, nach der der Leitfaden ungleiche Maßstäbe für Zugewanderte institutionalisiert. Zugleich wird die Kopplung von Islam- und Einbürgerungsdebatte auch hier fortgesetzt und damit die ausschließliche Verortung des Islam im Migrationskontext reproduziert.

Im ersten Teil der zitierten Passage kritisiert Deligöz, ähnlich wie Bürsch, eine vereinheitlichende Darstellung des Islam, die so in der Debatte aber gar nicht artikuliert wird und gewissermaßen auch nicht im Sinne des Leitfadens ist, welcher allenfalls für eine Verallgemeinerung des Verdachts stehen kann, nicht aber schon von Zuschreibungen[167]. Anders als bei Bürsch wird hier die Kritik an der Darstellung des Islam mit eigenen Zuschreibungen verbunden. Die Aussage reproduziert dabei die binäre Zweiteilung der muslimischen Fremd- (hier allerdings auch Eigen-) Gruppe. Die Konstruktion einer ausschließlich negativ konnotierten Teilgruppe der Muslim_innen wird übernommen und implizit bestätigt. Diese darf nur nicht für den Islam im Allgemeinen stehen, da sie sich grundsätzlich von der Gruppe der

---

167 Sonst wäre er offensichtlich unnötig.

„aufgeklärten Muslime" unterscheidet. Wenn etwas „nicht in einen Topf" mit etwas anderem geworfen – also in dieselbe Kategorie eingeordnet – werden darf, ist dabei impliziert, dass es sich nicht bereits in diesem Topf bzw. dieser Kategorie befindet. Es handelt sich um prinzipiell Verschiedenartiges. Das Attribut der Aufgeklärtheit dient als Marker der Kompatibilität mit (zumindest) der Verfassung, damit als Merkmal einer Gruppe, die von den Negativzuschreibungen der anderen Gruppe ausgenommen werden muss. Sie steht aber nicht für eine positive Wertung des Islam. Die Feststellung, dass es „aufgeklärte Muslime in diesem Land" gibt, suggeriert, dass dies (nicht nur für den politischen Gegner) nicht selbstverständlich ist und damit einen Ausnahmefall. Die Kennzeichnung einer bestimmten muslimischen Gruppe als aufgeklärt steht nicht für den Normalfall, da sie sonst entweder im Islambegriff impliziert wäre oder in verallgemeinernder Form geäußert würde. In der Gegenüberstellung von Fundamentalismus als Grundkategorie der Unverträglichkeit mit der fdGO und Aufklärung als Kriterium, das Vereinbarkeit zum Ausdruck bringt, wird eine weitere Dimension der Zweiteilung angedeutet. Im allgemeinsten Sinne der Begriffe steht Fundamentalismus für einen starken Bezug auf bestimmte 'Grundlagen' der Religion, wohingegen Aufgeklärtheit eine zumindest von allzu starren Dogmen emanzipierte, 'vernünftige' Religiosität andeutet. Durch die Gegensätzlichkeit implizierende Gegenüberstellung erhält der Fundamentalismus-Begriff die Komponente einer dogmatischen Fremdbestimmtheit durch die Religion, während 'außerreligiöse' Kriterien (wie das der Vernunft) für den aufgeklärten Islam eine größere Rolle spielen. Diese stehen dann zugleich für die Kompatibilität mit der fdGO, welche im 'reinen' Bezug auf die Grundlagen der Religion sonst ausgeschlossen wäre. Der Islam steht auch hier der Anerkennung der fdGO eher entgegen denn als neutraler Faktor gegenüber.

Es handelt sich bei dieser Aussage also insofern nicht um eine positive Wertung von Islam, als sie erstens nur der Zurückweisung eines Blickes dient, der negative Zuschreibungen verallgemeinert (so zumindest die Behauptung) und insofern für einen neutralen bzw. neutralisierenden Blick steht. Zweitens wird die Konstruktion einer spezifischen muslimischen Gruppe als problematischer Sonderfall prinzipiell bestätigt. Sowohl Bürsch als auch Deligöz verfehlen letztlich die Argumentationsstruktur der angegriffenen Gegenpositionen – und bestätigen deren Grundannahmen.

c) Relativierung durch Miteinbeziehung der Mehrheitsgesellschaft

Ekin Deligöz kritisiert auch die Reichweite der mit dem Leitfaden verbundenen politischen Anforderungen. Für sie etablieren insbesondere die Fragen zur Haltung gegenüber Homosexualität eine Ungleichbehandlung, da Homosexualität auch von Angehörigen der Mehrheitsgesellschaft vielfach nicht toleriert wird:

„Ich komme aus dem Allgäu und weiß, dass es dort bestimmte Menschen gibt, die durchaus eine andere Einstellung zur Homosexualität haben als die Mitglieder meiner Fraktion. Meinen Sie, dass diese Menschen womöglich ausgebürgert werden müssen?Würden Sie beispielsweise manche Menschen in der Kirche, die eine andere Position zur Homosexualität haben, ebenfalls ausbürgern?"

Während das Schema der binären Gegenüberstellungen in der Kritik am Islambild bestehen bleibt, wird die Gegensätzlichkeit hier durch die Miteinbeziehung der Verhältnisse innerhalb der Mehrheitsgesellschaft in Frage gestellt. Das Argument von Deligöz beruht nicht auf einer angenommenen Gegensätzlichkeit, sondern einer Ähnlichkeit gesellschaftlicher Gruppen. Wenn Homosexualität in der deutschen Gesellschaft insgesamt nicht weitreichend toleriert wird, so kann dies keine Anforderung für die Erlangung der Staatsbürgerschaft sein. Die Anforderung wäre sonst diskriminierend gegenüber Menschen, die die Staatsbürgerschaft nicht schon besitzen. Mit dem Verweis auf „manche Menschen in der Kirche" wird der einseitigen Fokussierung auf Angehörige der islamischen Religion dann ein Blick auf das Christentum entgegengesetzt. Das Christentum wird dabei als Element der Mehrheitsgesellschaft betrachtet.[168] Es stellt damit für die Debatte, in der negative Zuschreibungen zumeist pauschal nur auf eine muslimische bzw. migrantische Gruppe bezogen werden, eine Referenzgruppe und somit eine bedeutende Modifikation des zuvor herausgearbeiteten Schemas dar. Die Kritik richtet sich allerdings nicht generell gegen die Hervorhebung einer muslimischen Gruppe oder den Leitfaden als Ganzes, sondern nur gegen einen seiner Themenbereiche. Insbesondere die Fragen zur Homosexualität stehen in den Debatten – nicht nur wegen der offenbar verhältnismäßig leicht herzustellenden Parallele zur Mehrheitsge-sellschaft, sondern auch, weil hiermit ein besonders starker Eingriff in die

---

168 Die Frage nach der möglichen Ausbürgerung impliziert, dass es dabei um Personen mit deutscher Staatsbürgerschaft geht. Der Einwand richtet sich nicht generell auf die (z.B. rechtliche) Problematik des Entzugs der Staatsbürgerschaft, da sonst eine allgemeinere Thematisierung oder ein Bezug auf eine muslimische Gruppe wesentlich naheliegender wäre.

Privatsphäre vermutet wird – in der Schusslinie der Kritik.

Heribert Rech antwortet auf die Kurzintervention von Deligöz mit einem Verweis auf die Irrelevanz ihres Vergleichs für die Thematik:

> „Frau Kollegin, die Tatsache dass es eventuell auch Deutsche mit einer problematischen Einstellung zu unseren Verfassungswerten wie Toleranz gibt – im Allgäu oder anderswo -, rechtfertigt nicht, Ausländer mit gleicher Einstellung einzubürgern."

In seiner Entgegnung (sehr ähnlich äußert sich Kristina Köhler per Zwischenfrage auf einen entsprechenden Einwand von Michael Bürsch) verteidigt Rech die Reichweite der mit dem Leitfaden verbundenen Anforderungen, zu denen seiner Meinung nach auch Toleranz gegenüber Homosexualität gehört. Wenngleich die Aussage von Deligöz angezweifelt wird („eventuell"), stellt sich Rech nicht prinzipiell gegen den relativierenden Gehalt. Die Verhältnisse innerhalb der Mehrheitsgesellschaft sind allerdings, so das Argument, irrelevant für eine Debatte über Einbürgerung. Damit wird zugleich die Grundstruktur einer Debatte wieder eingefordert, innerhalb der ausschließlich eine muslimisch-migrantische Gruppe als unverträglich mit der fdGO beschreiben werden kann.

2.2.4 Islam und Politik

a) Die Dimension des Politischen

Von allen Seiten wird auf Verfassung und fdGO (sowie vielfach auch die deutsche Sprache) als dem grundlegendsten Merkmalen und zugleich verpflichtenden Minimalkonsens der staatlichen Gemeinschaft verwiesen. Verfassung und fdGO werden mit einer allgemeinen Werteordnung verbunden. Die Verfassung steht nicht als bloßer Gesetzestext, sondern hat darüber hinaus direkte lebenspraktische Bedeutung, welche von den Staatsangehörigen auch eingefordert werden soll. Hierin besteht ein breiter Konsens. So fordert etwa Günther Oettinger ein permanentes Bekenntnis zur Nation:

> „Die klassische Umschreibung für das, was wir heute Patriotismus nennen, stammt von dem Historiker Ernest Renan. Auf die Frage, was eine Nation ist, hat er vor über 100 Jahren sinngemäß definiert: Die Nation ist eine Angelegenheit, der man jeden Tag neu zustimmen

muss. Dieser Auftrag gilt für jeden von uns. Wir alle – Einheimische wie Zuwanderer – müssen uns immer wieder aufs Neue auf die Grundwerte unserer Gesellschaft und die Grundlagen unseres gemeinsamen Lebens besinnen."

Mit dieser Neuinterpretation[169] Renans stellt Oettinger das Bekenntnis zur fdGO in einen allgemein-gesellschaftlichen Kontext. Es besteht demnach eine Notwendigkeit, dass sich alle Angehörigen einer Nation zu dieser permanent bekennen bzw. sich darauf besinnen. Der egalitäre Gehalt der Forderung relativiert den spezifischen Charakter des in den Einbürgerungsverfahren verlangten Bekenntnisses zur fdGO und verneint damit allgemein die Anwendung ungleicher Maßstäbe für Zugewanderte und Einheimische. Die Nation in der Renan-Paraphrasierung wird von Oettinger begrifflich in „Grundwerte" und „Grundlagen" aufgelöst. Darunter muss im Kontext der Rede und bezüglich der BRD in erster Linie die fdGO verstanden werden. Da Oettingers Aussage normativ zu verstehen ist, erhält der Status der Staatszugehörigkeit über seine formalrechtliche Bedeutung hinaus einen verpflichtenden politischen Charakter. Weil der politische Minimalkonsens der Nation „die Grundlagen" des „gemeinsamen Lebens" bildet, ist er zugleich unverzichtbar. Die Staatszugehörigkeit verlangt notwendigerweise eine spezifische politische Grundhaltung aller einzelnen.

Ähnlich benennt auch der FDP-Abgeordnete Hartfrid Wolff die Bedeutung der Verfassung :

> „Zum Gelingen von Integration ist ein aktives Engagement jedes einzelnen Zugewanderten bei der Eingliederung in die deutsche Gesellschaft unabdingbar. Dazu gehört, [...] die Grundwerte unserer Verfassung und Rechtsordnung vorbehaltlos zu akzeptieren und selbst zu leben. Die Gleichberechtigung von Mann und Frau etwa und die Freiheit zur Gestaltung eigener Lebensentwürfe sind ein unabdingbarer Teil dieser Werteordnung."

Wolff geht weiter als Oettinger, wenn er fordert, dass die Werte der Verfassung und auch der Rechtsordnung nicht nur akzeptiert, sondern auch gelebt werden müssen. Diesen Schritt ermöglicht die (schon bei Oettinger vorhandene) Verbindung der Rechtsordnung mit einer Werteordnung. So kann etwa der Grundsatz der „Gleichbe-

---

169 Renans Formulierung, nach der „das Dasein einer Nation [...] ein täglicher Plebiszit [ist], wie das Dasein des einzelnen eine andauernde Behauptung des Lebens", auf die Oettinger hier wahrscheinlich Bezug nimmt, fehlt der Imperativ des Müssens gänzlich. Deutlich wird das in der darauf folgenden Passage: „Das Wollen der Menschen ändert sich [...]. Die Nationen sind nichts Ewiges. Sie haben einmal angefangen, sie werden enden."
Vgl. Ernest Renan, *Was ist eine Nation?* Vortrag in der Sorbonne, 11.03.1882
<http://www.dir-info.de/dokumente/def_nation_renan.html> (22.09.2012)

rechtigung von Mann und Frau", der sich, indem er den Begriff des Rechts impliziert, primär auf das Verhältnis zwischen Staat und Staatsbürger_innen bezieht, auch Bedeutung für das tägliche Leben der Bürger_innen erlangen. Weil das Grundrecht auch einen moralischen Wert darstellt, kann es gelebt werden. Würde das Recht nur im Sinne eines Gesetzes interpretiert, so könnte lediglich die Einhaltung gefordert werden. Der Wert stellt seinerseits eine Verpflichtung dar, deren Reichweite prinzipiell unbegrenzt ist. Schließlich wird über Legalität oder politische Konformität hinaus ein Leben nach den moralischen Maßstäben der Verfassung gefordert. Michael Bürsch verknüpft diese Forderung nach der lebenspraktischen Relevanz der Verfassung mit seiner Kritik am Leitfaden:

> „Es wird verlangt – daran gibt es überhaupt keinen Zweifel -, dass sich die Menschen, die hier eingebürgert werden sollen und wollen, zu den Verfassungsgrundsätzen bekennen. – Das steht in § 10. – Die Frage ist nur, wie wir zu einer Prüfung dessen kommen, was das Bekenntnis ausmacht. Ich sage ihnen: Das ist keine Gesinnungsfrage. Das kann man nicht in den Hirnen der Menschen abfragen. Das ist eine Frage der täglichen Praxis. Wenn Schülerinnen nicht an bestimmten Veranstaltungen teilnehmen, zum Beispiel nicht am Sportunterricht, dann muss man darauf hinwirken, dass das anders wird."

Die Notwendigkeit der Überprüfung des Bekenntnisses zur fdGO wird hier bekräftigt. Weil der Leitfaden aber als Mittel abgelehnt wird, wird als Alternative zur problematischen Fokussierung auf die Gesinnung die Praxis als Maßstab der Überprüfung gefordert. Mit dem Beispiel der nicht am Sportunterricht teilnehmenden Schülerinnen wird eine geradezu absurd alltagsbezogene Interpretation der fdGO deutlich. Die *Grundsätze* der Verfassung werden als so weitreichend beurteilt, dass sie eine Teilnahme am Sportunterricht erfordern. Schließlich verweist Bürsch auf die mediale Rezeption des Leitfadens, um seine Position zu untermauern:

> „Die 'Frankfurter Rundschau' schreibt: Niemand bestreitet, dass deutschen Staatsbürgern in spe eine Bindung an freiheitliche Werte abverlangt werden kann – und dass es daran gelegentlich mangelt. Aber wer glaubt, mit einer Mischung aus Dummheit und Diskriminierung dagegen vorgehen zu können, den sollte man seinerseits nach seiner 'inneren Einstellung' zum Grundgesetz fragen. Die ebenfalls sehr objektive 'Frankfurter Allgemeine Zeitung' schreibt: Zweifel an der Gesinnung des Bewerbers sind nur durch dessen nachprüfbares Verhalten in der Schule, am Arbeitsplatz, im Alltag - 'im Alltag' Herr Binninger – auszuräumen, nicht durch noch so verfängliche Fragen."

Indem Bürsch distanzlos aus den genannten Zeitungen zitiert, stellt er die vertretenen Positionen als autoritative Instanzen dar und postiert sie zugleich als seine eigenen.

Hier wird besonders deutlich, dass sich das Konzept einer Fokussierung auf den Alltag nicht grundsätzlich vom kritisierten 'Gesinnungstest' unterscheidet. Schließlich wird die Gesinnung bzw. innere Einstellung als Maßstab der Beurteilung keinesfalls abgelehnt. Allerdings dient das Grundgesetz selbst als Argument gegen die direkte Nachfrage. Wie Oettinger und Wolff verlangt Bürsch eine politische Grundhaltung als Voraussetzung der Einbürgerung. Diese tritt als gesellschaftlicher Minimalkonsens auf, der lediglich die Zustimmung zu den Grundsätzen der Verfassung einschließt. Damit werden indes äußerst weitreichende Forderungen artikuliert. Die fdGO stellt einen Gegenstand der „täglichen Praxis" dar. Auch wenn zwischen den unterschiedlichen Positionen durchaus Uneinigkeit herrscht, wie weit das Bekenntnis gehen und ob es etwa Toleranz gegenüber Homosexualität einschließen kann, muss festgestellt werden, dass ihm und damit der fdGO parteiübergreifend äußerst weitreichende Bedeutung attestiert wird.

b) Die politische Dimension des Islam

Es wird durchgängig von den befürwortenden Abgeordneten betont, dass der Leitfaden nicht nur und nicht gezielt auf muslimische Einbürgerungswillige ausgerichtet ist. Allerdings taucht der Islam in den Begründungen für die Notwendigkeit des Leitfadens durchgängig immer wieder auf. Vielfach wird in diesem Zusammenhang auf einen großen Anteil von Muslim_innen unter den Migrierten verwiesen. Teilweise wird explizit auf eine Teilgruppe der Muslim_innen Bezug genommen, die mit deutschen Werten und Gesetzen unvereinbare Haltungen vertreten oder Praktiken ausüben. Als Grund dafür erscheint dann ausschließlich die Religion (manchmal allgemeiner islamische Kultur), weil sie z.B. als einziger Bezugspunkt neben die geschilderte Unvereinbarkeit gesetzt wird.[170] In einigen Fällen werden unvereinbare Haltungen auch direkt religiös erklärt. Die Passagen mit Islambezug stehen zumeist unvermittelt neben Aufzählungen von intolerablen Praxen oder Einstellungen ohne explizierte Verbindung mit dem Islam und allenfalls vagen Bezugnahmen auf Kultur oder Ethnizität. So werden z.B. Zwangsehen – indirekt – mit dem Islam in Verbindung gebracht. Denn auch wenn die entsprechenden Phänomene nicht direkt mit Religion in Verbindung gebracht werden, so beziehen sie sich doch stets auf eine als muslimisch gekennzeichnete Gruppe. Im Gegensatz dazu

---

170 Schließlich könnten theoretisch auch andere Kategorien wie etwa Alter, Geschlecht, soziale Lage, Bildungsgrad etc. neben der Religionszugehörigkeit Erwähnung finden.

wird Islam an keiner Stelle in den Debatten als produktive Ressource bei der Akzeptanz der Werteordnung in Erwägung gezogen. Der Islam wirkt damit per se inkompatibel mit fdGO und den Werten der Verfassung, wenngleich er im Prozess der Integration kompatibel werden kann.

Selbst eine vordergründig positive Bezugnahme auf den Islam, wie sie etwa von Heribert Rech vertreten wird, der die Mehrheit der Muslim_innen als „gesetzes- und verfassungstreu" bezeichnet, kann im Rahmen einer Debatte, in der ausschließlich negativ konnotierte Phänomene auf den Islam bezogen werden, wie eine negative wirken. Denn dieser Mehrheit kommt das Attribut dann nicht wegen, sonder eher trotz ihrer Religion zu. Eine Beteuerung wie die von Stefan Mappus, der betont, „dass wir ihre Religion ernst nehmen und ihr einen hohen Stellenwert einräumen", ist die Erklärung einer positiven Haltung gegenüber dem Islam. Sie bezieht sich auf die eigene Haltung, nicht auf den Islam. Zudem wird sie im selben Satz bereits eingeschränkt. Denn sie gilt nur „dort, wo der Islam tatsächlich als mit unseren Grundwerten vereinbare Religion und nicht als Ausdruck kultureller Abgrenzung oder fundamentalistischer Gesinnung in Erscheinung tritt." Auch hier wird durch das Kriterium der Vereinbarkeit eine neutrale Rolle zum Ausdruck gebracht und der negativen Funktion der Abgrenzung gegenübergestellt. Die Forderung nach einer tatsächlichen Vereinbarkeit impliziert zudem, dass neben einer 'offensichtlichen' Unvereinbarkeit auch noch eine nur scheinbare Vereinbarkeit ausgeschlossen werden muss, was wiederum den Leitfaden als Mittel nahelegt.

Es gehört zu den wesentlichen Strukturelementen der Debatten, dass dabei vor allem jene Abgeordneten über Islam sprechen, die diesen auch als relevantes Element in einer Problemkonstellation erkennen. Andere kritisieren ein zu negatives oder einseitiges Islamverständnis. Dabei werden allerdings keine alternativen Bilder von Islam gezeichnet, sondern (wo der Islam überhaupt thematisiert wird) das Islambild der Gegenseite prinzipiell reproduziert. Auch Ekin Deligöz stellt in ihrer Kurzintervention keinen positiven Religionsbezug her, sondern kritisiert lediglich eine Verallgemeinerung und plädiert für die selbstverständliche Anerkennung ihrer Religionszugehörigkeit. Der Islambegriff der gesamten Debatten kann damit als in diesem binären Schema verhaftet beschrieben werden.

Petra Klugs Befund, wonach in den Bundestagsdebatten eine definitorische Trennung zwischen Islam und Politik aufrechterhalten wird, verbunden mit der Konstruktion eines eigentlichen, positiv bewerteten, unpolitischen Islam und eines davon grundsätzlich verschiedenen, negativ bewerteten Islamismus, gilt für dieses

Fallbeispiel nur partiell. Politischer Islam wird i.d.R. implizit in Verbindung mit islamistischem Terrorismus thematisiert. Aber auch darüber hinaus kann er grundsätzlich abgelehnt und als intolerabel betrachtet werden. So ordnet z.b. der Grünen-Abgeordnete Josef Philip Winkler „Islamisten und andere Verfassungsfeinde" ohne weiteres der selben Kategorie zu und spricht ihnen das Recht auf Einbürgerung damit prinzipiell ab. Diese Position ist seiner Meinung nach „natürlich klar".

Darüber hinaus werden alle mit dem Islam assoziierten Phänomene, die es mit Hilfe des Leitfadens auszuschließen gilt, von den Befürwortern entsprechender Forderungen (notwendigerweise) als politische und intolerable betrachtet. Das liegt an der rechtlichen Begründung des Leitfadens durch das für die Einbürgerung erforderliche Bekenntnis zur fdGO. Alles wogegen sich der Leitfaden richtet, muss als inkompatibel mit der fdGO und damit als politisch relevant gedeutet werden. Der Islam muss damit auch in dieser Debatte nicht in Form einer politischen Bewegung auftreten, um als politisches Phänomen wahrgenommen zu werden. Aber überall dort, wo er als politisches Phänomen auftritt, wird er zugleich abgelehnt.

Wenngleich der Zusammenhang von Politik und Islam in den Debatten also eindeutig negativ konnotiert ist, kann nicht von einer Abspaltung der Politik vom Islam, sondern muss vielmehr von einer Politisierung des Islam die Rede sein. Politisierung ist dabei nicht als Politisierung von 'eigentlich' Unpolitischem zu verstehen, sondern als ausschließlich politische Interpretation bestimmter Phänomene. Die mit dem Islam assoziierten Ehrenmorde, Zwangsehen etc. könnten z.B. auch als kriminelle Handlungen betrachtet werden. Hier stellen sie allerdings vor allem einen Angriff auf die Verfassung dar.

Es kann für die Debatten somit von zwei grundsätzlich verschiedenen Bildern von Islam gesprochen werden. Eines bezeichnet sehr unpräzise einen unpolitischen bzw. politisch neutralen und eingedeutschten (weil sozialstrukturell und in die Werteordnung integrierten) Islam. Das andere beschreibt einen ausschließlich negativ konnotierten, politischen und bedrohlichen Islam. Wenn gleichzeitig der fdGO lebenspraktische Relevanz und Symbolen wie dem muslimischen Kopftuch politische Bedeutung zugewiesen wird, können große Schnittflächen zwischen Islam und Politik hergestellt werden. Die folgenden Überlegungen richten sich darauf, wie und wo diese Schnittflächen zu Stande kommen.

2.2.5 Zur Bestimmung der Unbestimmtheit

a) Bestimmung durch die fdGO

Der Islam spielt in den Debatten eine augenscheinlich zentrale Rolle. Er fließt in die Argumentationen mit ein, die die Notwendigkeit des Leitfadens aus einer problematischen Haltung mancher Einbürgerungswilliger zur fdGO zu begründen suchen. Aber auch wenn es genereller um Integration geht, stellt er ein bedeutendes Kriterium dar, die fatalen Konsequenzen gescheiterter Integration zu beschreiben. Weiter steht sowohl institutionelle, symbolische als auch rein sprachliche Diskriminierung einer mit Bezug auf den Islam konstruierten Gruppe zur Debatte. Dabei werden von keiner Seite Verallgemeinerungen mit Blick auf den Islam vorgenommen, auch wenn diese z.T. kritisiert werden. Alle Aussagen beziehen sich stets auf Teilgruppen, manche sogar nur auf bestimmte Einzelpersonen.

Der Islambegriff wird in den Debatten stets hochgradig unbestimmt verwendet. Statt bestimmt zu werden, tritt er eher als offene Projektionsfläche ebenfalls unterbestimmter binärer Kategorisierungen (wie aufgeklärt/fundamentalistisch oder mit der fdGO verträglich/unverträglich) auf. So nennen etwa Günther Oettinger und Heribert Rech unter Berufung auf eine Statistik des Islam-Archivs einen Prozentsatz an Muslim_innen, die den Koran für unverträglich mit dem Grundgesetz halten. Damit wird der Koran (aber auch das nur implizit) als eine Quelle islamischer Religiosität genannt, seine Bedeutung für die Debatte indes bereits auf die Metaebene der Interpretation durch die Gläubigen verlegt. Auch diese bleibt dabei unbestimmt, da auch nicht gesagt wird, wie bzw. inwiefern hier eine Unverträglichkeit festgestellt wird oder welche Passagen, welche Auslegungstraditionen etc. dafür relevant wären. Ganz ähnlich verhält es sich z.B. mit Oettingers Thematisierung des islamischen Kopftuchs, in der der religiöse Hintergrund gar keine Rolle spielt, sondern lediglich „politische Signale", die damit verbunden sein *können*. Insbesondere wenn von Integrationsdefiziten oder völliger Desintegration die Rede ist, wird das Islambild durchaus über teils sehr konkrete negative Assoziationen bestimmt. Wenn von Islam immer wieder im Kontext von Phänomenen wie Zwangsehen oder Ehrenmorden gesprochen wird, kann per Sinn-Induktion auf der Ebene der Außenwirkung ein Zusammenhang hergestellt werden, der auch als relevant erachtet werden muss.[171]

---

171 Vgl. Sabine Schiffer, *Die Darstellung des Islams in der Presse: Sprache, Bilder, Suggestionen;*

Dieser Zusammenhang stellt allerdings keinesfalls eine Definition des Islam dar. Was der Islam ist oder auch nur sein kann und warum er mit diesen Phänomenen assoziiert wird, bleibt völlig offen. So gesehen bleiben die Debatten denkbar weit von jeder Essentialisierung des Islam entfernt. Das Sprechen über den Islam ist praktisch überhaupt nicht von traditionell religiösen Kriterien wie Glaubensfragen, Ritualen, Konfessionszugehörigkeiten etc. bestimmt. Sehr viel konkreter kann aber die fdGO bzw. die Verfassung bestimmt werden. So nennt der CDU-Abgeordnete Clemens Binninger eine ganze Reihe an Ausschlusskriterien für die Erlangung der deutschen Staatsbürgerschaft:

> „Wer unsere Verfassung nicht akzeptiert, wer unsere Werteordnung bekämpft oder negiert, der hat kein Recht darauf, deutscher Staatsbürger zu werden. Wer [...] die Gleichberechtigung von Mann und Frau nicht akzeptiert, wer die freie Entfaltung der Persönlichkeit nicht toleriert, wer den Rechtsstaat oder das Gewaltmonopol der Staates in Zweifel zieht, der hat keinen Anspruch darauf, deutscher Staatsbürger zu werden."

Für einen überparteilichen Konsens an dieser Stelle spricht der Zwischenruf von Josef Philip Winkler: „Das bestreitet ja keiner!" Insofern (und nur insofern) die Zielgruppe des Leitfadens bzw. die Gruppe der nicht integrierten Zugewanderten im Kontext praktisch ausschließlich über den Islam bezeichnet (und weitgehend charakterisiert) wird, wird hier auch eine Aussage über den Islam getroffen. Demnach stellt er für Binninger eine Bedrohung für genau diese Rechte und Prinzipien dar. Der Islam wird damit nicht als Religion, sondern über die spezifische Nennung, Auslassung und Interpretation bestimmter Aspekte der fdGO bestimmt. Der Islam kann dann, – paradoxerweise – weil er als Religion gar nicht in den Blick gerät, zum zentralen Kriterium der Einbürgerungs- und darüber hinaus der Integrationsdebatte werden. Es kann die Frage gestellt werden, inwiefern Binninger, wenn er die Ausschlusskriterien für die Erlangung der Staatsbürgerschaft benennt, auch tatsächlich eine muslimische Gruppe vor Augen hat. Dafür spricht, dass sowohl die Behauptung einer besonderen Unverträglichkeit mit der Verfassung einer über den Islam charakterisierten Gruppe als auch die Behauptung einer Diskriminierung von Muslim_innen den Rahmen seiner Aussage bilden. Zweitens nennt er nur bestimmte Prinzipien der Verfassung, die weitgehend den in dieser Arbeit herausgearbeiteten Hauptaspekten des Leitfadens entsprechen. So gesehen wird hier vordergründig die Verfassung bestimmt und zugleich implizit über Islam gesprochen.

Eine Auswahl von Techniken und Beispielen (Erlangen-Nürnberg: Ergon 2004), S. 51-64

b) Bestimmung der fdGO

Es stellt ein Problem und zugleich ein erstes Ergebnis der Analyse dar, dass das Sprechen über Zuwanderung und über Islam in den Debatten stark miteinander verbunden sind. Nicht nur werden beide Themen an zentraler Stelle verhandelt, es ist auch vielfach nicht eindeutig auszumachen, ob gerade über Zugewanderte, Muslim_innen oder muslimische Zugewanderte gesprochen wird. Auch offenbare diesbezügliche 'Kategorienfehler' finden sich nicht selten in den Aussagen. Die Vorannahme, nach der sich die Debatten bestens eignen, um sie exemplarisch für eine Kopplung von Islam- und Immigrationsdiskurs zu untersuchen, kann damit nachträglich bestätigt werden. Darüber hinaus muss davon ausgegangen werden, dass die Fremdgruppe der desintegrierten Zugewanderten und die der mit der fdGO nicht-konformen Muslim_innen faktisch zusammenfallen. Schließlich wird nirgendwo eine Trennung vorgenommen und alles, was im Kontext mit Islam als intolerabel betrachtet wird, mit Desintegration in Verbindung gebracht. Auch Parallelgesell-schaften werden weitgehend mit Bezug auf den Islam erklärt.

Die Eigengruppe wird praktisch ausschließlich politisch, d.h. ausgehend von der Verfassung, bestimmt. Genealogische Aspekte spielen dabei praktisch keine Rolle. Auch Kultur und Religion müssen lediglich mit der Verfassung konform gehen. Die entscheidende Fremdgruppe der Debatten, welche als unverträglich mit der fdGO eingestuft wird, wird stets sowohl als islamisch als auch als migrantisch betrachtet. Charakterisiert wird sie dabei über den Islam, während die Migrationssituation in Kombination mit ihrer (zweifachen) Desintegration auf das Ausland verweist. Aus der Bestimmung der Fremdgruppe über den Islam folgt im Umkehrschluss allerdings nicht, dass auch der Islam über diese Fremdgruppe bestimmt wird. Der Islam wird im Grunde überhaupt nicht bestimmt. Verweise auf den Islam werden lediglich benutzt, um die Gefährlichkeit (z.B. durch Terrorismus), die Unverträglichkeit mit den Werten der Verfassung (z.B. durch religiöse Intoleranz oder Fixierung auf den Koran) sowie die sozialstrukturelle Desintegration (z.B. durch religiös motivierte Abschottung) der Gruppe zu beschreiben. Maßgeblich für die Definition(en) dieser intolerablen, islamisch bestimmten Fremdgruppe ist allerdings weniger die fdGO als vielmehr die (angenommene) Struktur der deutschen Mehrheitsgesellschaft. Insofern stellt die Fremdgruppe nicht nur etwas Intolerables, sondern auch ein Anderes der deutschen

Gesellschaft dar. Die fdGO wird in der Definition der Fremdgruppe, die ihr entgegensteht, durchaus variabel interpretiert. Die unterschiedlichen Interpretationen lassen sich wesentlich im Aufeinander-Verweisen von Selbst- und Fremdzuschreibungen nachvollziehen. So scheint es z.b. durchaus akzeptabel zu sein, wenn die Teilnahme von Mädchen am Sportunterricht in Rekurs auf die fdGO (und nicht etwa die Schulpflicht) gefordert wird. Dagegen herrscht ein breiter überparteilicher Konsens (außerhalb der CDU), dass die Forderung nach Toleranz gegenüber Homosexualität zu weit geht. Die wird primär[172] über das Bestehen von homophoben Einstellungen innerhalb der deutschen Mehrheitsgesellschaft begründet. Bei der Forderung nach Anerkennung der Gleichberechtigung der Geschlechter herrscht wiederum weitgehende Einigkeit. Eine Ausnahme stellt hier die Abgeordnete der Linkspartei, Sevim Dagdelen, dar. Für sie geht die Forderung genau deswegen zu weit, weil sie Sexismus auch als Teil der deutschen Mehrheitsgesellschaft betrachtet und „wir [...] nicht von Menschen, die sich einbürgern wollen, erwarten [können], das zu sein, was wir nicht sind". Wenn Sexismus auch der Eigengruppe zugeordnet werden muss, kann er zugleich nicht mehr als Spezifikum der ihr gegenübergestellten nicht-integrierten Fremdgruppe betrachtet werden.

Neben der angenommenen Struktur der Mehrheitsgesellschaft stellt die Thematisierung von bestimmten Phänomenen und Ereignissen, die entweder mit dem Islam oder den Zugewanderten in Verbindung stehen, die Zweite wichtige Bestimmung für die Fremdgruppe dar. Islamistisch motivierter Terrorismus und vor allem die Anschläge des 11. September stellen für den Diskurs über Integration äußerst relevante Modifikatoren dar. In den Debatten wird auf solche Anschläge verwiesen, um die Gefahr, die von der Desintegration ausgeht, zu bezeichnen. Die Kopplung von Desintegration und Terrorismus (wie bei Noll und Binninger) kann aber auch das Bild der desintegrierten Bevölkerung prinzipiell in Frage stellen. Eine Beschreibung der Desintegrierten als ausschließlich traditionsorientiert (wie bei Oettinger) kann durch die Einbeziehung terroristischer Bedrohung fragil werden – so Terrorismus nicht als traditionelles Phänomen gedeutet werden kann. Noll und Binninger orientieren sich eher am Islamdiskurs (etwa der Auslandsberichterstattung), während Oettingers Beschreibung eher an den Mustern des Migrationsdiskurses orientiert wirkt. Diese Zusammenführung verschiedener Diskursstränge produziert dabei eine Ambivalenz.

---

172 Der Einwand, wonach gerade solche Fragen einen unzumutbaren Eingriff in die Privatsphäre darstellen, richtet sich vorwiegend gegen das Mittel, den Leitfaden, nicht gegen die Forderung an sich.

2.2.6 Fazit

Der Multikulturalismus-Vorwurf beinhaltet in den Debatten den Verweis auf nicht zu tolerierende kulturelle Differenzen. Dies wird durchgehend mit tendenzieller Zustimmung zu den entsprechenden Einschätzungen oder der Absetzung von einer multikulturalistischen Position beantwortet. Der Verallgemeinerungs-Vorwurf der Gegenseite trägt dem, wo er mit der Formulierung eines eigenen Islambildes verbunden wird, insofern Rechnung, als auch dieses nach einem 'sowohl-als-auch'-Schema formuliert wird. Beantwortet wird dieser Vorwurf wiederum mit der Zurückweisung von Verallgemeinerungen und einem entsprechenden 'sowohl-als-auch'-Schema. Beide Vorwürfe bedingen folglich eine starke Angleichung dessen, was über den Islam gesagt wird. Diktiert wird die Islamdebatte aber stärker von jenen Positionen, die den Islam in die Begründungen für die Notwendigkeit des Leitfadens integrieren. Schließlich versagen sich gegensätzliche Positionierungen weitgehend eigener Zuschreibungen. Der Islam dient, auch wenn verneint wird, dass der Leitfaden besonders auf muslimische Zugewanderte ausgerichtet ist, zur Begründung eines entsprechenden Handlungsbedarfs. Er kann in Verbindung mit der Interpretation der fdGO als weitreichender Werteordnung stark politisiert und dabei als Angriff auf die zentrale Grundlage des politischen Systems der BRD betrachtet werden.

Sowohl die weitreichende Bedeutung der fdGO als auch der Islam als zentrale Kategorie politischer Bedrohung (spezifischer Aspekte der fdGO) durch Zugewanderte sind mit dem Leitfaden den Debatten als diskutable Annahmen bereits vorgelagert. Entsprechend werden sie in den Debatten vor allem von Seiten der CDU-Abgeordneten erneut artikuliert. Grundsätzlich infrage gestellt werden sie von den Abgeordneten der anderen Parteien jedoch nicht. Der Leitfaden wird weitgehend generell als Mittel, aber nur punktuell bzgl. der damit verbundenen Ziele und Aussagen über den Islam abgelehnt.

Dem Islam kommt so eine Sonderrolle im Einwanderungsdiskurs zu und zwar ausschließlich als Element einer Problemkonstellation. Er ist dabei maßgeblich in einen Diskurs über Integration eingebunden. Integration stellt ein überparteilich geteiltes Ziel und zumeist auch eine Forderung dar. Die Zugewanderten sollen die grundlegenden Wertvorstellungen der Mehrheitsgesellschaft übernehmen und sich zugleich strukturell in diese eingliedern. Beide Prozesse fallen in den Annahmen stets zusammen. Integration stellt per Definition die Lösung aller mit Migration assoziierten Probleme dar. Zwangsehen, Ehrenmorde oder auch Terrorismus stehen den Werten der Mehrheitsgesellschaft entgegen und können also überwunden werden, wenn diese Werte übernommen werden. Zugleich ergeben sich durch die strukturelle Abgrenzung der Migrant_innen auch sozioökonomische Probleme für diese und damit entsprechend auch für die Mehrheitsgesellschaft. Sozialstrukturell integrierte Zugewanderte sind aber auch ökonomisch eingebunden, was auch dieses Problem per Definition löst. Der Islam steht einerseits auf Seiten der radikal desintegrierten Parallelgesellschaften, andererseits – integriert – auf Seiten der Mehrheitsgesellschaft (wenngleich nicht als Teil davon). Auf Seiten der Mehrheitsgesellschaft tritt er als neutrales Element auf. Er ist hier lediglich kompatibel mit den grundlegenden Anforderungen. Im Kontext der Desintegration spielt er dagegen keine neutrale Rolle. Er bildet ein entscheidendes Merkmal der kulturell-religiösen Differenz und richtet sich sowohl gegen die Werte der Mehrheitsgesellschaft (im extremsten Fall durch Terrorismus) als auch gegen die strukturelle Eingliederung in sie.

Islam stellt eine wesentliche Bezeichnung und teilweise eine Charakterisierung der Desintegrierten dar, welche selbst allerdings nicht weiter bestimmt oder 'tatsächlich' hinterfragt wird. Die Verfassung dient als zentrale politische Markierung der Eigengruppe, die wiederum maßgeblich entsprechend der jeweiligen Wahrnehmung dieser Eigengruppe in Stellung gebracht wird. So kann der Islam einen Gegensatz zur deutschen Gesellschaft bezeichnen, aber nur bedingt selbst einen solchen darstellen.

V Ausblick

Die Differenzlinien zwischen einheimischer und zugewanderter Bevölkerung werden im bundesdeutschen Migrationsdiskurs in der Regel als kulturelle markiert. Die zunehmende Relevanz der Kategorie Islam in diesem Kontext kann die Differenzkonstruktionen auf unterschiedliche Weise modifizieren. Der Islam kann z.b. als entscheidender Kern einer fremden Kultur oder als Triebfeder einer bewussten kulturellen Abgrenzung interpretiert werden. Sowohl in der medialen Darstellung als auch im politischen Diskurs erweist sich die wahrgenommene politische Dimension des Islam als besonders differenzkonstituierend und wird zudem als äußerst bedrohlich empfunden. Auch in der öffentlichen Meinung stellt sie ein maßgebliches Kriterium ablehnender Haltungen gegenüber dem Islam dar. Nach Petra Klug wird die politische Dimension in den Bundestagsdebatten definitorisch radikal vom Islam abgespalten. Allerdings lässt sich gerade im Migrationskontext, den diese Arbeit thematisiert, auch die Variante einer Zuordnung der politischen Dimension zu einer klar abgetrennten Minderheit beobachten. Hierbei wird nicht die Politik vom Islam, sondern die politische Minderheit von der unpolitischen Mehrheit getrennt. Diese politische Dimension aber muss keinesfalls nur beim Islamismus verortet werden. Auch das islamische Kopftuch kann als politisches Symbol interpretiert und dann als mit der Verfassung konfligierend betrachtet werden. Der Leitfaden für Einbürgerungsgespräche interpretiert außerdem z.b. auch Polygynie oder das Fernbleiben von Kindern bei Schulveranstaltungen als Anzeichen von Verfassungsfeindlichkeit innerhalb einer als islamisch gekennzeichneten Gruppe. Islamismus und Einstellungen, die sich direkt gegen die demokratische Verfasstheit des Staates richten, spielen dagegen eine untergeordnete Rolle. In den untersuchten Parlamentsdebatten spiegelt sich diese Figur sowohl in den Absetzungen vom Multikulturalismus als auch in den alltagsbezogenen Auslegungen der fdGO wieder. Der Islam dient dabei als Grundkategorie der Beschreibung dessen, was nicht Teil der deutschen Gesellschaft ist und auch nicht sein soll, bleibt darüber hinaus aber praktisch völlig unbestimmt. Dies mag darauf verweisen, dass der Islamdiskurs für den Migrationsdiskurs tatsächlich nur vordergründig eine entscheidende Rolle spielt. Wesentlich konstitutiver als differierende Islamverständnisse sind für die Debatten schließlich die Interpretationen der fdGO sowie die Betrachtungen der (nicht-islamischen) deutschen Mehrheitsgesellschaft. Der Islam wird davon ausgehend lediglich indirekt bestimmt. Eine starke Interdependenz zwischen gesellschaftlicher Selbstbeschreibung und Islam als Kategorie der Fremdheit, wie sie Said und andere postkoloniale Ansätze nahelegen, kann für die Debatten durchaus behauptet werden. Nimmt man eine Rückwirkung dieser Konstellation auf den Islamdiskurs an, so sollte diese in der Fremdbestimmung über externe Kriterien, nämlich der politisch-kulturellen Selbstbestimmungen der bundesdeutschen Mehrheitsgesellschaft, liegen. Hier ließe sich wiederum eine Verbindung zu dem von Halm beschriebenen Legitimationsdruck auf muslimische Akteur_innen herstellen, welche sich dann innerhalb eines Schemas der Konformität/Nonkonformität gegenüber diesen Selbstbeschreibungen verorten müssen. Eine solche Rückwirkung erscheint umso wahrscheinlicher in Anbetracht zunehmender Bedeutung des Integrationsdiskurses, zunehmender Einbeziehung der Kategorie Islam und der geringen Diskurswirkung islamischer Stimmen. Wenn diese Selbstbeschreibungen politische sind und mit politischen Fremdzuschreibungen gekoppelt werden, muss sich auch die diskursiv als säkular und unproblematisch gekennzeichnete muslimische Mehrheit dem Legitimationsdruck beugen und sich politisch ausweisen. Bedingt die diskursive Assimilierung auch eine Angleichung realer Einstellungen an die (notwendigen) Aussagen, wie von Schiffauer angenommen, so erfolgt damit eine Politisierung des Islam. Folge davon könnte wiederum eine weitere Politisierung des Diskurses sein.

Durch die konsequente Setzung als Element einer ausländischen Kultur (die sich vielfach noch auf der wissenschaftlichen Metaebene der Diskursanalysen mehr oder weniger explizit fortschreibt, wie z.B. in Halms Rede von der „Aufnahmegesellschaft") kann der Islam die Funktion eines Anderen deutscher politisch-kultureller Selbstbeschreibungen erfüllen. Realisiert wird diese Extern-Setzung wohl am deutlichsten im Bild der Parallelgesellschaften, innerhalb derer Islam quasi in seiner (noch) nicht akkulturierten 'Reinform' aufscheint. Die Zusammenführung mit weiteren Elementen des Islamdiskurses sorgt darüber hinaus dafür, dass diese Anderen auch noch als reale Bedrohung wahrgenommen werden. Wo Islam schließlich als das Andere der Anderen gilt, können damit politische Maßnahmen wie Einbürgerungs- oder Zuwanderungshindernisse begründet werden, ohne dass dafür konkrete Vorstellungen zu islamischen Religiositätsformen artikuliert werden oder überhaupt vorhanden sein müssten. Es sollte daher bereits einen unschätzbaren Vorteil für zukünftige Debatten darstellen, könnte der Islam endlich als Teil deutscher Verhältnisse und der deutschen Gesellschaft anerkannt werden.

VI Literaturverzeichnis

Andreassen, Rikke; Lettinga, Doutje. 2012. *Veiled Debates: Gender and gender equality in European national narratives* in: Sieglinde Rosenberger (Hg.): *Religion and gender in Politics: Framing and regulating the veil.* Routledge studies in religion and politics. London: Routledge, S. 17 – 36

Attia, Iman. 2009. *Die 'westliche Kultur' und ihr Anderes: Zur Dekonstruktion von Orientalismus und antimuslimischem Rassismus.* Bielefeld: transcript

Beck-Gernsheim, Elisabeth. 2007. *Wir und die Anderen: Kopftuch, Zwangsheirat und andere Missverständnisse.* Erweiterte Neuausgabe. Frankfurt a. M.: Suhrkamp

Castro Varela, Maria Do Mar/ Dhawan, Nikita. 2005. *Postkoloniale Theorie: Eine kritische Einführung.* Rainer Winter (Hg.): Cultural Studies Bd. 12. Bielefeld: transcript

Cesari, Jocelyne. 2007. *Muslim Identities in Europe: Muslim Identities in Europe: the snare of exceptionalism,* in: Aziz Al Azmeh/ Effie Fokas (Hg.): *Islam in Europe: Diversity, Identity and Influence.* Cambridge: Cambridge University Press, S. 49-67

Clifford, James. 1988. *The Predicament of Culture: Twentieth-Century Ethnography, Literature and, Art.* Cambridge: Harvard University Press

Datenschutz für unsere Bürger: 27. Tätigkeitsbericht des Landesbeauftragten für den Datenschutz in Baden-Württemberg 2006. 2006. Stuttgart: Landesbeauftragter für Datenschutz

Fairclough, Norman/ Wodak, Ruth. 1997. *Critical Discouse Analysis* in: Teun Van Dijk (Hg.): *Discourse as Social Interaction.* Discourse Studies: A Multidisciplinary Introduction Bd. 2. London: Sage, 258-284

Fairclough, Norman/ Fairclough, Isabela. 2012. *Political Discourse Analysis: A method for advanced students.* London: Routledge

Gietz, Karl-Peter; Haydt, Claudia; Kuczera, Natalie. 1994. *Das Bild des Islam auf der Straße: Versuch einer Rezeptionsanalyse* in: Medienprojekt Tübinger Religionswissenschaft (Hg.): *Der Islam in den Medien.* Studien zum Verstehen fremder Religionen Bd.7. Gütersloh: Gütersloher Verlagshaus, S. 170-183

Ha, Kien Nghi. 2012. *Die kolonialen Muster deutscher Arbeitsmigrationspolitik* in: Hito Steyerl; Encarnacion Gutierrez Rodriguez (Hg.): *Spricht die Subalterne deutsch?: Migration und postkoloniale Kritik.* 2. Aufl. Münster: Unrast, S. 56-107Vgl.

Ha, Kien Nghi/ Schmitz, Markus. 2006. *Der nationalpädagogische Impetus der deutschen Integrations(dis)kurse im Spiegel post-/kolonialer Kritik*, in: Paul Mecheril/ Monika Witsch (Hg.): *Cultural Studies und Pädagogik: Kritische Artikulationen*. Bielefeld: transcript, S. 225 - 266

Hafez, Kai/ Richter, Carola. 2007. *Das Islambild von ARD und ZDF* in: Aus Politik und Zeitgeschichte 54, S. 26-27

Hafez, Kai. 2002. Das Nahost- und Islambild der deutschen überregionalen Presse, Die politische Dimension der Auslandsberichterstattung Bd. 2. Baden-Baden: Nomos

Ders. 2009. *Mediengesellschaft – Wissensgesellschaft?: Gesellschaftliche Entstehungsbedingungen des Islambildes deutscher Medien* in Torsten G. Schneiders (Hg.): *Islamfeindlichkeit: Wenn die Grenzen der Kritik verschwimmen*. Wiesbaden: VS Verlag für Sozialwissenschaften, S. 99-117

Halm, Dirk. 2008. *Der Islam als Diskursfeld: Bilder des Islam in Deutschland*. 2. Aufl. Wiesbaden: VS Verlag für Sozialwissenschaften,

Ders. 2006: *Zur Wahrnehmung des Islams und der Muslime in der deutschen* Öffentlichkeit 2000-2005 in: Zeitschrift für Ausländerrecht und Ausländerpolitik 26, 5-6, S. 199-206

Heitmeyer, Wilhelm. 2002. *Gruppenbezogene Menschenfeindlichkeit: Die theoretische Konzeption und erste empirische Ergebnisse* in Wilhelm Heitmeyer (Hg.): *Deutsche Zustände* Bd. 1. Frankfurt a. M.: Suhrkamp, S. 15-36

Ders. 2003. *Gruppenbezogene Menschenfeindlichkeit: Die theoretische Konzeption und empirische Ergebnisse* in Wilhelm Heitmeyer (Hg.): *Deutsche Zustände* Bd. 2. Frankfurt a. M.: Suhrkamp, S. 13-34

Hell, Matthias. 2005. Einwanderungsland Deutschland?: Die Zuwanderungsdiskussion 1998 – 2002. Wiesbaden: VS Verlag für Sozialwissenschaften

Heyder, Aribert/ Schmidt, Peter. 2001. *Deutscher Stolz: Patriotismus wäre besser* in Wilhelm Heitmeyer (Hg.): *Deutsche Zustände* Bd. 1, Frankfurt a. M.: Suhrkamp, S. 71-82

Huth-Hildebrandt, Christine. 2002. *Das Bild von der Migrantin: Auf den Spuren eines Konstrukts*. Frankfurt a. M.: Brandes und Apsel

Jäger, Margret. 1996. *Fatale Effekte: Kritik am Patriarchat im Einwanderungsdiskurs*. Duisburg: Duisburger Institut für Sprach- und Sozialforschung

Jäger, Margret/ Jäger, Siegfried. 1999. *Gefährliche Erbschaften: Die schleichende Restauration rechten Denkens.* Berlin: Aufbau

Jesse, Eckhard. 1980. *Streitbare Demokratie: Theorie, Praxis und Herausforderungen in der Bundesrepublik Deutschland.* Beiträge zur Zeitgeschichte Bd. 2. Berlin: Colloquium Verlag

Kehrer, Günther, 1988. *Religionssoziologie* in: Hubert Cancik et. al. (Hg.): Handbuch religionswissenschaftlicher Grundbegriffe Bd. 1. Stuttgart: Kohlhammer, S. 59-86

Keller, Reiner. 2011. *Diskursforschung: Eine Einführung für SozialwissenschaftlerInnen.* 4. Aufl. Ralf Bohnsack et. al. (Hg): Qualitative Sozialforschung Bd. 14. Wiesbaden: VS Verlag für Sozialwissenschaften

Klug, Petra. 2010. *Feindbild Islam?: Der Diskurs über Muslime in Bundestagsdebatten vor und nach dem 11. September.* Marburg: Tectum

Koch, Anne. 2007. *Zur Interdependenz von Religion und Wirtschaft – Religionsökonomische Perspektiven,* in Martin Held et. al. (Hg): *Ökonomie und Religion,* Normative und institutionelle Grundfragen der Ökonomik Jahrbuch 6. Marburg: Metropolis,

Korteweg, Anna; Yurdakul, Gökce. 2009. *Islam, gender, and immigrant integration: Boundary drawing in discourses on honour killing in the Netherlands and Germany,* in: Ethnic and Racial Studies 32, 2, S. 218-238

Küpper Beate/ Heitmeyer Wilhelm. 2005. *Feindselige Frauen: Zwischen Angst, Zugehörigkeit und Durchsetzungsideologie* in Wilhelm Heitmeyer (Hg.): *Deutsche Zustände* Bd. 3. Frankfurt a. M.: Suhrkamp, S. 108-128

Leibold, Jürgen/ Kühnel, Steffen. 2006. *Islamophobie: Differenzierung tut not* in Wilhelm Heitmeyer (Hg.): *Deutsche Zustände* Bd. 4. Frankfurt a. M.: Suhrkamp, S. 135-155

Dies. 2003. *Islamphobie: Sensible Aufmerksamkeit für spannungsreiche Anzeichen* in Wilhelm Heitmeyer (Hg.): *Deutsche Zustände* Bd. 2. Frankfurt a. M.: Suhrkamp, S. 100-119

Locke, John. 1997. *Essay on Toleration* in Mark Goldie (Hg.): *Political Essays.* Cambridge: Cambridge University Press, S. 134-159

Mills, Sara. 2007. *Der Diskurs: Begriff, Theorie, Praxis.* Tübingen: Narr Francke Attempto Verlag

Roy, Olivier. 2006. *Der islamische Weg nach Westen: Globalisierung, Entwurzelung und Radikalisierung.* München: Pantheon

Said, Edward. 1978. *Orientalism.* 25th Anniversary Edition. New York: Vintage Books

Salvatore, Armando; Amir-Moazami, Schirin. 2002. *Religiöse Diskurstraditionen: Zur Transformation des Islam in kolonialen, postkolonialen und europäischen Öffentlichkeiten* in: Berliner Journal für Soziologie 12, 3, S. 309-330

Schiffauer, Werner. 2003. *Migration und kulturelle Differenz: Studie für das Büro der Ausländerbeauftragten des Senats von Berlin.* Berlin: Die Ausländerbeauftragte des Senats

Schiffer, Sabine. 2004. *Die Darstellung des Islams in der Presse: Sprache, Bilder, Suggestionen; Eine Auswahl von Techniken und Beispielen.* Erlangen-Nürnberg: Ergon

Schwarz, Tobias. 2010. *Bedrohung, Gastrecht, Integrationspflicht: Differenzkonstruktionen im deutschen Ausweisungsdiskurs.* Bielefeld: transcript

Stern, Klaus. 1977. *Grundbegriffe und Grundlagen des Staatsrechts, Strukturprinzipien der Verfassung.* Das Staatsrecht der Bundesrepublik Deutschland Bd. 1. München: C.H. Beck

Stolz, Fritz. 2001. *Grundzüge der Religionswissenschaft.* 3. Aufl., Göttingen: Vandenhoeck und Ruprecht,

Thurich, Eckart. 2003. *Pocket Politik: Demokratie in Deutschland*, 2. Aufl. Bonn: Bundeszentrale für politische Bildung

Tiesler, Nina Clara. 2006. *Europäisierung des Islam und Islamisierung der Debatten.* Aus Politik und Zeitgeschichte 53, 1-2, S. 24-31

Van Dijk, Teun. 2000. *Parliamentary Debates* in: Ruth Wodak/ Teun Van Dijk (Hg.): *Racism at the Top: Parliamentary Discourses on Ethnic Issues in Six European States*, The Investigation, Explanation and Countering of Xenophobia and Racism, Bd. 2. Klagenfurt: Drava, S. 45-78

Verfassungsschutzbericht 2000. 2001. Berlin: Bundesministerium des Innern

Verfassungsschutzbericht 2004. 2005. Berlin: Bundesministerium des Innern

Verfassungsschutzbericht 2010. 2011. Berlin: Bundesministerium des Innern

Welsch, Wolfgang, 1999. *Transculturality: The Puzzling Form of Cultures Today* in: Mike Featherstone; Scott Lash (Hg.): *Spaces of Culture: City, Nation, World.* London: Sage, S. 194-213

Wohlrab-Sahr, Monika. 2003. *Politik und Religion: 'Diskretes' Kulturchristentum als Fluchtpunkt europäischer Gegenbewegungen gegen einen 'ostentativen' Islam* in: Armin Nassehi/Schroer, M. (Hg.): Der Begriff des Politischen. Soziale Welt Sonderband 14. Baden-Baden: Nomos, S. 357-381

Worbs, Susanne. 2008. *Einbürgerung von Ausländern in Deutschland.* Bundesamt für Migration und Flüchtlinge, Referat 220 (Hg.): Working Papers 17 der Reihe Integrationsreport, Teil 3. Nürnberg: Bundesamt für Migration und Flüchtlinge

Internetquellen

Bekenntnis zur freiheitlichen demokratischen Grundordnung nach dem Staatsangehörigkeitsgesetz (StAG): Gesprächsleitfaden für die Einbürgerungsbehörden. 01.09.2005
<http://www.baden-wuerttemberg.datenschutz.de/lfd/tb/2006/leitfaden.htm>
(Letzter Zugriff: 21.09.2012)

Die soziale Situation in Deutschland: Bevölkerung mit Migrationshintergrund I. 06.10.2011
<http://www.bpb.de
/nachschlagen/zahlen-und-fakten/soziale-situation-in-deutschland/61646/
migrationshintergrund-i> (20.09.2011)

Churchill, Winston. 11.11.1947. Parliament Bill, S. 207
<http://hansard.millbanksystems.com/commons/1947/nov/11/
parliament-bill#column_207> (22.09.2012)

Deutscher Bundestag. 16.03.1999. *Entwurf eines Gesetzes zur Reform des Staatsangehörig-keitsrechts.* Drucksache 15/533
<http://dipbt.bundestag.de/dip21/btd/14/005/1400533.asc> (22.09.2012)

Deutscher Bundestag. 19.01.2006. Stenographischer Bericht. Plenarprotokoll 16/11, S. 754 – 770.
<http://dip21.bundestag.de/dip21/btp/16/16011.pdf> (22.09.2012)

Deutscher Bundestag. 12.01.2006. *So genannter Muslimtest in Baden-Württemberg – Verfassungs-rechtlich problematische Gesinnungstests beenden.* Drucksache 16/356
<http://dip21.bundestag.de/dip21/btd/16/003/1600356.pdf> (22.09.2012)

Grell, Rainer. 2006. *Dichtung und Wahrheit: Die Geschichte des 'Muslim-Tests' in Baden-Württemberg*
<http://de.scribd.com/doc/20974778/

Dichtung-und-Wahrheit-Die-Geschichte-des-%E2%80%9EMuslim-Tests
%E2%80%9C -in-Baden-Wurttemberg-30-Fragen-die-die-Welt-erregten-
nicht-nur-die-islamische> (21.09.2012)

Landtag von Baden-Württemberg. 22.12.2005. *Kleine Anfrage der Abgeordneten Brigitte Lösch GRÜNE und Antwort des Innenministeriums.* Drucksache 13/5015   <http://www9.landtag-bw.de/WP13/Drucksachen/5000/13_5015_d.pdf> (22.09.2012)

Landtag von Baden-Württemberg. 01.02.2006. Plenarprotokoll 13/106, S. 7645 – 7675 <http://www2.landtag-bw.de/Wp13/Plp/13_0106_01022006.pdf> (22.09.2012)

Pressemitteilung Innenministerium Baden-Württemberg. 10.01.2006. *Oettinger und   Rech halten an Gesprächsleitfaden für Einbürgerungsbehörden fest* <http://www.innenministerium.baden-wuerttemberg.de/de/Meldungen/ 112430.html?referer=81115&template=min_meldung_html&_min=_im> (22.09.2012)

Pressemitteilung Innenministerium Baden-Württemberg. 14.12.2005. Zitiert nach: Europäisches Forum für Migrationsstudien. *efms Migrationsreport Januar 2006*   <http://www.efms.uni-bamberg.de/dokz06_d.htm> (22.09.2012)

Renan, Ernest. 11.03.1882. *Was ist eine Nation?* Vortrag in der Sorbonne <http://www.dir-info.de/dokumente/def_nation_renan.html> (22.09.2012)

Özcan, Veysel. 01.05.2007. *Migration: Aktuelle Entwicklungen* <http://www.bpb.de/gesellschaft/migration/dossier-migration/57557/ aktuelle-entwicklung?p=0> (20.09.2011).

Biographien der Abgeordneten:

Binninger, Clemens
    <http://www.bundestag.de/bundestag/abgeordnete17/biografien/B/ binninger_clemens.html>

Birzele, Frieder
    <http://frieder-birzele.it-kompass.net/html/lebenslauf.html>

Bürsch, Michael
    <http://webarchiv.bundestag.de/archive/2007/0206/mdb/mdb15/bio/B/ buersmi0.html#>

Dagdelen, Sevim
<http://www.bundestag.de/bundestag/abgeordnete17/biografien/D/dagdelen_sevim.html>

Goll, Ulrich
<http://www.landtag-bw.de/cms/home/der-landtag/abgeordnete/abgeordnetenprofile/fdpdvp/goll.html>

Kretschmann, Winfried
<http://www.landtag-bw.de/cms/home/der-landtag/abgeordnete/abgeordnetenprofile/die-grunen-1/kretschmann.html>

Mappus, Stefan
<http://www.kas.de/wf/de/71.9529/>

Oettinger, Günther
<http://ec.europa.eu/commission_2010-2014/oettinger/about/cv/index_de.htm>

Rech, Heribert
<http://www.landtag-bw.de/cms/home/der-landtag/abgeordnete/abgeordnetenprofile/cdu/rech.html>

Winkler, Josef Philip
<http://www.bundestag.de/bundestag/abgeordnete17/biografien/W/winkler_josef_philip.html>

Wolff, Hartfrid <http://www.bundestag.de/bundestag/abgeordnete17/biografien/W/wolff_hartfrid.html>

Alle Biographien wurden zuletzt abgerufen am 25.09.2012.

VII Anhang

Gesprächsleitfaden für die Einbürgerungsbehörden

Bekenntnis
zur freiheitlichen demokratischen Grundordnung
nach dem Staatsangehörigkeitsgesetz (StAG)

Gesprächsleitfaden für die Einbürgerungsbehörden

Stand 01.09.2005

Name, Vorname und ggf. Geburtsname des Einbürgerungsbewerbers:

Geburtsdatum: Nationalität:

Vorbemerkung

Das Bekenntnis zur freiheitlichen demokratischen Grundordnung des Grundgesetzes für die Bundesrepublik Deutschland ist Einbürgerungsvoraussetzung nach § 10 Abs. 1 Satz 1 Nr. 1 StAG. Entsprechendes gilt im Rahmen der Ermessenseinbürgerung. Es darf deshalb keineswegs als Formalie gehandhabt werden, die mit der Unterschrift unter die Bekenntniserklärung erfüllt ist. Soweit die Einbürgerungsbehörde Zweifel hat, ob der Einbürgerungsbewerber den Inhalt seiner Erklärung wirklich verstanden hat **und** ob sie seiner inneren Überzeugung entspricht, führt sie ein Gespräch mit ihm unter Verwendung dieses Leitfadens. Die Ergebnisse des Gesprächs sind zu dokumentieren und vom Einbürgerungsbewerber zu unterschreiben. Dabei sind auch Erläuterungen zu den jeweiligen Antworten zu erfragen und festzuhalten. Der Einbürgerungsbewerber ist darauf hinzuweisen, dass unwahre Angaben als Täuschung der Einbürgerungsbehörde gewertet werden und - auch noch nach Jahren - zur Rücknahme der Einbürgerung führen können. Die Unterzeichnung der Bekenntnis- und Loyalitätserklärung nach Nr. 10.1.1.1 der vorläufigen Anwendungshinweise des BMI zum StAG bleibt unberührt; das Gleiche gilt für die Ergänzung zu Nrn. 8.1.2.5 und 9.1.2.1 der vorläufigen Anwendungshinweise.

1. Das Bekenntnis zur freiheitlichen demokratischen Grundordnung des Grundgesetzes für die Bundesrepublik Deutschland umfasst die Werteordnung des Grundgesetzes, die inhaltsgleich für alle Staaten der Europäischen Union gilt. Dazu gehören unter anderem

- der Schutz der Menschenwürde
- das Gewaltmonopol des Staates, das heißt, außer dem Staat darf in der Bundesrepublik Deutschland niemand Gewalt gegen einen anderen anwenden, es sei denn in Notwehr. Der Staat selbst darf Gewalt nur auf Grund einer gesetzlichen Ermächtigung anwenden
- sowie die Gleichberechtigung von Mann und Frau.

Entsprechen diese Grundsätze Ihren persönlichen Vorstellungen?

2. Was halten Sie von folgenden Aussagen?

- "Demokratie ist die schlechteste Regierungsform, die wir haben, aber die beste, die es gibt."
- "Die Menschheit hat noch nie eine so dunkle Phase wie unter der Demokratie erlebt. Damit der Mensch sich von der Demokratie befreien kann, muss er zuerst begreifen, dass die Demokratie den Menschen nichts Gutes geben kann ..."

3. In Filmen, Theaterstücken und Büchern werden manchmal die religiösen Gefühle von Menschen der unterschiedlichen Glaubensrichtungen verletzt. Welche Mittel darf der Einzelne Ihrer Meinung nach anwenden, um sich gegen solche Verletzungen seines Glaubens zu wehren, und welche nicht?

4. Wie stehen Sie zu Kritik an einer Religion? Halten Sie diese für zulässig? Setzen Sie sich damit auseinander?

5. In Deutschland können politische Parteien und Vereine wegen verfassungsfeindlicher Betätigung verboten werden. Würden Sie trotz eines solchen Verbots die Partei oder den Verein doch unterstützen? Unter welchen Umständen?

6. Wie stehen Sie zu der Aussage, dass die Frau ihrem Ehemann gehorchen soll und dass dieser sie schlagen darf, wenn sie ihm nicht gehorsam ist?

7. Halten Sie es für zulässig, dass ein Mann seine Frau oder seine Tochter zu Hause einschließt, um zu verhindern, dass sie ihm in der Öffentlichkeit "Schande macht"?

8. In Deutschland kann die Polizei bei gewalttätigen Auseinandersetzungen zwischen Eheleuten einschreiten und zur Abwehr von weiteren Gefahren den Täter für einige Tage aus der Wohnung verweisen? Was halten Sie davon?

9. Halten Sie es für einen Fortschritt, dass Männer und Frauen in Deutschland kraft Gesetzes gleichberechtigt sind? Was sollte der Staat Ihrer Meinung nach tun, wenn Männer dies nicht akzeptieren?

10. In Deutschland kann jeder bei entsprechender Ausbildung nahezu jeden Beruf ergreifen. Was halten Sie davon? Sind Sie der Meinung, dass bestimmte Berufe nur Männern oder nur Frauen vorbehalten sein sollten? Wenn ja, welche und warum?

11. Welche Berufe sollte Ihrer Meinung nach eine Frau auf keinen Fall ausüben? Hätten Sie bei bestimmten Berufen Schwierigkeiten, eine Frau als Autoritätsperson anzuerkennen?

12. In Deutschland kann jeder selbst entscheiden, ob er sich lieber von einem Arzt oder einer Ärztin behandeln lässt. In bestimmten Situationen besteht diese Wahlmöglichkeit jedoch nicht: Notfall, Schichtwechsel im Krankenhaus. Würden Sie sich in einem solchen Fall auch von einer Ärztin (männlicher Einbürgerungsbewerber) oder einem Arzt (Einbürgerungsbewerberin) untersuchen oder operieren lassen?

13. Man hört immer wieder, dass Eltern ihren volljährigen Töchtern verbieten, einen bestimmten Beruf zu ergreifen oder einen Mann ihrer Wahl zu heiraten. Wie stehen Sie persönlich zu diesem Verhalten? Was würden Sie tun, wenn Ihre Tochter einen Mann anderen Glaubens heiraten oder eine Ausbildung machen möchte, die Ihnen nicht gefällt?

14. Was halten Sie davon, dass Eltern ihre Kinder zwangsweise verheiraten? Glauben Sie, dass solche Ehen mit der Menschenwürde vereinbar sind?

15. In Deutschland gehört der Sport- und Schwimmunterricht zum normalen Schulunterricht. Würden Sie Ihre Tochter daran teilnehmen lassen? Wenn nein: Warum nicht?

16. Wie stehen Sie dazu, dass Schulkinder an Klassenausflügen und Schullandheimaufenthalten teilnehmen?

17. Ihre volljährige Tochter/Ihre Frau möchte sich gerne so kleiden wie andere deutsche Mädchen und Frauen auch. Würden Sie versuchen, dass zu verhindern? Wenn ja: Mit welchen Mitteln?

18. Bei Einbürgerungsbewerberinnen: Ihre Tochter möchte sich gerne so kleiden wie andere deutsche Mädchen und Frauen auch, aber Ihr Mann ist dagegen? Was tun Sie?

19. Ihre Tochter/Schwester kommt nach Hause und erzählt, sie sei sexuell belästigt worden. Was tun Sie als Vater/Mutter/Bruder/Schwester?

20. Ihr Sohn/Bruder kommt nach Hause und erzählt, er sei beleidigt worden. Was tun Sie als Vater/Mutter/Bruder/Schwester?

21. Erlaubt das Grundgesetz Ihrer Meinung nach, seine Religion zu wechseln, also seine bisherige Glaubensgemeinschaft zu verlassen und ohne Religion zu leben oder sich einer anderen Religion zuzuwenden? Was halten Sie davon, wenn man wegen eines solchen Religionswechsels bestraft würde (z.B. mit dem Verlust des Erbrechts)?

22. Sie erfahren, dass Leute aus Ihrer Nachbarschaft oder aus Ihrem Freundes- oder Bekanntenkreis einen terroristischer Anschlag begangen haben oder planen. Wie verhalten Sie sich? Was tun sie? (Hinweis für die EBB: Der Vorsitzende des Zentralrats der Muslime in Deutschland, Dr. Nadeem Elyas, hat im ZDF am 15.07.2005 - nach den Anschlägen in London - erklärt, die Zusammenarbeit mit den Sicherheitsbehörden sei für Muslime "ein islamisches Gebot und kein Verrat"!)

23. Sie haben von den Anschlägen am 11. September 2001 in New York und am 11. März 2004 in Madrid gehört. Waren die Täter in Ihren Augen Terroristen oder Freiheitskämpfer? Erläutern Sie Ihre Aussage.

24. In der Zeitung wird manchmal über Fälle berichtet, in denen Töchter oder Ehefrauen von männlichen Familienangehörigen wegen "unsittlichen Lebenswandels" getötet wurden, um die Familienehre wieder herzustellen. Wie stehen Sie zu einer solchen Tat?

25. Was halten Sie davon, wenn ein Mann in Deutschland mit zwei Frauen gleichzeitig verheiratet ist?

26. Wie beurteilen Sie es, wenn ein verheirateter Mann aus Deutschland in seinen früheren Heimatstaat fährt und dort ein zweites Mal heiratet?

27. Manche Leute machen die Juden für alles Böse in der Welt verantwortlich und behaupten sogar, sie steckten hinter den Anschlägen vom 11. September 2001 in New York? Was halten Sie von solchen Behauptungen?

28. Ihre Tochter bewirbt sich um eine Stelle in Deutschland. Sie bekommt jedoch ein ablehnendes Schreiben. Später erfahren Sie, dass eine Schwarzafrikanerin aus Somalia die Stelle bekommen hat. Wie verhalten Sie sich?

29. Stellen Sie sich vor, Ihr volljähriger Sohn kommt zu Ihnen und erklärt, er sei homosexuell und möchte gerne mit einem anderen Mann zusammen leben. Wie reagieren Sie?

30. In Deutschland haben sich verschiedene Politiker öffentlich als homosexuell bekannt. Was halten Sie davon, dass in Deutschland Homosexuelle öffentliche Ämter bekleiden?

Erklärung des Einbürgerungsbewerbers:

Meine Antworten und Erläuterungen zu den gestellten Fragen sind korrekt wiedergegeben und entsprechen meiner tatsächlichen inneren Einstellung. Ich hatte keine Schwierigkeiten, die Fragen zu verstehen; soweit ich sie nicht gleich verstanden habe, wurden sie mir so erklärt, dass ich alles verstanden habe.

Ich wurde ausdrücklich darauf hingewiesen, dass unwahre Angaben als Täuschung der Einbürgerungsbehörde gewertet werden und - auch noch nach Jahren - zur Rücknahme der Einbürgerung führen können, selbst wenn ich dadurch staatenlos werden sollte.

Ort, Datum   Unterschrift

FREMDE HEIMAT DEUTSCHLAND –

Leben zwischen
Ankommen und
Abschied

Migranten erzählen über deutsche Erfahrungen

Murat Ham,
Angelika Kubanek (Hg.)

Fremde Heimat Deutschland –

**Leben zwischen
Ankommen und Abschied**

Migranten erzählen über
deutsche Erfahrungen

Mit einem Grußwort von
Klaus Wowereit

200 Seiten, Paperback. € 19,90
ISBN 978-3-89821-507-7

Gabriele Berkenbusch,
Vasco da Silva, Katharina
von Helmolt (Hg.)

**Migration und Mobilität
aus der Perspektive
von Frauen**

€ 29,90
ISBN 978-3-8382-0156-6

Mit ihrem Buch Fremde Heimat Deutschland – Leben zwischen Ankommen und Abschied geben Murat Ham und Angelika Kubanek Zu- und Auswanderern eine Stimme und spüren auch dem Phänomen der Remigration nach. Besonders hervorzuheben ist, dass Menschen aus drei Migranten-Generationen zu Wort kommen – von türkischen Gastarbeitern, die Mitte der 80er-Jahre zurückkehrten, bis zu Migranten, die sich heute überlegen, in welcher Gesellschaft sie ihren Lebensmittelpunkt setzen. In Reportagen, Porträts, autobiographischen Texten von Migranten und Interviews stellen sie den Blick des ‚einfachen' Arbeiters dem des Intellektuellen gegenüber. Durch verschiedene Schreibstile – narrativ, reportagenhaft, fachlich-wissenschaftlich – zeichnet das Autorenteam mosaikartig die Geschichte der Migration in Deutschland seit den 50er-Jahren nach.

Das Buch ist ebenso eine Reise durch Gedanken und Erinnerungen. Ham und Kubanek spannen dabei den Bogen bewusst weit: Neben zahlreichen ganz normalen ‚Alltagsmigranten' lassen sie auch die preisgekrönte deutsch-türkische Autorin Emine Sevgi Özdamar, die Tourismus-Managerin Nina Öger, den Unternehmer Kemal Sahin, die Wissenschaftlerin Esra Özyürek, den Hamburger Ex-Ganoven und Autor Cem Gülay oder den deutsch-ägyptischen Islamkritiker Hamed Abdel-Samad über ihre Erfahrungen zwischen den Welten berichten.

Gesa Reiff

**Identitätskonstruktionen
in Deutschland lebender
Türken der 2. Generation**

€ 24,90
ISBN 3-89821-682-9

„Lesenswert ist das Buch [...] - weil es nicht der oft üblichen medialen Fixierung auf Zwangsehe und Ehrenmord folgt. Stattdessen zeigt es die Normalität all der Lebensläufe. Ungewöhnlich, unbeschönigt und unaufgeregt." DEUTSCHLANDRADIO

ibidem-Verlag

Melchiorstr. 15

D-70439 Stuttgart

info@ibidem-verlag.de

www.ibidem-verlag.de
www.ibidem.eu
www.edition-noema.de
www.autorenbetreuung.de

www.ingramcontent.com/pod-product-compliance
Lightning Source LLC
Chambersburg PA
CBHW050537270326
41926CB00015B/3268